致敬每一位真长期主义者。
短期地被误读将会是我们的宿命，
但时过境迁后我们终将得到广泛的理解。

Incremental Value

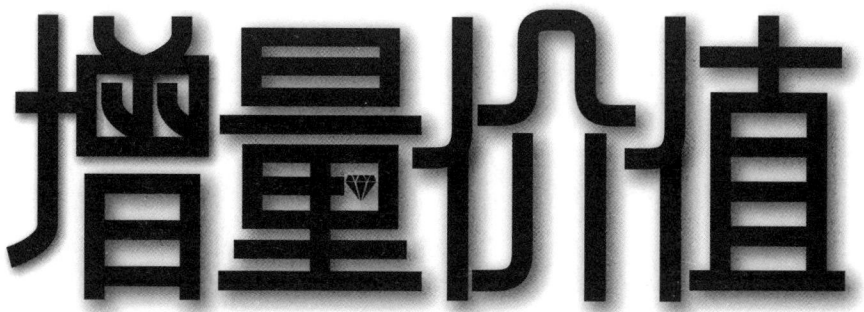

增量价值

真长期主义者指南

刘欣 ◎ 著

电子工业出版社
Publishing House of Electronics Industry
北京·BEIJING

内 容 简 介

我们的一生应当追求怎样的价值？是存量价值的"内卷"与腾挪，还是增量价值的创造与开拓？

本书归根结底就是要深入地讨论何为长期主义，何为真长期主义者。同时，本书为读者构建出一套体系完备的真长期主义者行动指南。第一章的主题是"原理"，这一章是全书的基础，引出了"增量价值"这一概念。第二章的主题是"视角"。我们是一群注定要自己对自己负责的人，应当明白如何看待自己、理解他人，如何看待要做的一些必要的事情。第三章与第四章则分别聚焦于"个人"与"组织"，介绍了个人应该如何做一些事情，应该具备怎样的思想，还介绍了作为组织的创建者以及组织中的一员，应该具备怎样的思想和掌握哪些方法。

未经许可，不得以任何方式复制或抄袭本书之部分或全部内容。
版权所有，侵权必究。

图书在版编目（CIP）数据

增量价值：真长期主义者指南 / 刘欣著. —北京：电子工业出版社，2023.1
ISBN 978-7-121-44533-0

Ⅰ. ①增… Ⅱ. ①刘… Ⅲ. ①投资－指南 Ⅳ. ①F830.59-62

中国版本图书馆 CIP 数据核字（2022）第 213534 号

责任编辑：滕亚帆
印　　刷：天津千鹤文化传播有限公司
装　　订：天津千鹤文化传播有限公司
出版发行：电子工业出版社
　　　　　北京市海淀区万寿路 173 信箱　　邮编：100036
开　　本：880×1230　1/32　印张：9.375　字数：256 千字
版　　次：2023 年 1 月第 1 版
印　　次：2023 年 2 月第 2 次印刷
定　　价：69.00 元

凡所购买电子工业出版社图书有缺损问题，请向购买书店调换。若书店售缺，请与本社发行部联系，联系及邮购电话：（010）88254888，88258888。
质量投诉请发邮件至 zlts@phei.com.cn，盗版侵权举报请发邮件至 dbqq@phei.com.cn。
本书咨询联系方式：（010）51260888-819，faq@phei.com.cn。

序　言
做真长期主义者

（一）

　　长期主义，这个词这几年被太多人使用，但很多人对"长期主义"的误解很深。长期主义并非要求我们一定要对某个事物进行遥遥无期的干等，那叫守株待兔，或者叫被套牢。长期主义也并非要我们一定得成为一个只会重复某个动作的机器人，更不是要我们变成一个完全不能有一丝即时反馈和即时满足的苦行僧。

　　《牛津英语词典》中对长期主义的定义是：

> 一种为了长期目标或结果而做决定的实践。

　　真长期主义者是什么样的人呢？在我看来，真长期主义者就是那些内心永远相信并追求爱与梦想的人！真长期主义者能用坚定的信念去追寻遥远的梦想，**因为遥远，所以需要长期！**又因为只有内心的爱与梦想才可能真正支撑起这样的"长期"。单纯的物质财富、眼下的蝇头小利，是不足以支撑真正的"长期"的。

IV 增量价值

梦想虽遥远，但真长期主义者从来都不是纯粹的理想主义者和空想主义者，他们是务实的，他们知道在达到目标的旅途中需要历经许多的节点，**真长期主义者极其关注今天的、眼下的行为对未来会产生的长期影响！**

（二）

真长期主义者绝没有无谓的固执。相反，他们最不容易犯"教条主义"和"形式主义"的错误。他们不会拘泥于既定的范式，也会极力避免各种"惯性"。

这个世界上有很多"褒义词"和"贬义词"，褒义词听上去积极或正面，贬义词听上去消极或负面。比如，"坚持"是正面的，"放弃"是负面的；"前进"是正面的，"后退"是负面的；"歌颂"是正面的，"辱骂"是负面的。

很多人都会紧紧地抱着他们所认为的正确或正面，但他们的正确，往往只是短期的正确，并非长期的正确。而只有真长期主义者才能分辨出到底是短期的正确，还是长期的正确，以及短期的正确是否会与长期的正确相冲突。也只有真长期主义者会在短期与长期之间发生冲突的时候为了长期的正确而牺牲短期的正确。

真长期主义者深知，无论是人生中的诸多事物，抑或工作中的诸多目标，往往都需要**用短期的后退和隐忍去换取长期的前进，用短期的迂回与妥协去换取长期的胜利！**

毛泽东在《中国革命战争的战略问题》中说过：

> "革命和革命战争是进攻的,但是也有防御和后退——这种说法才是完全正确的。为了进攻而防御,为了前进而后退,为了向正面而向侧面,为了走直路而走弯路,是许多事物在发展过程中所不可避免的现象,何况军事运动。"

(三)

真长期主义者常常会被误读、不被理解,甚至被排挤和边缘化,这都是正常现象。

因为他们看到的东西,别人不一定能看到。他们的路线和思想,别人按照惯性的短线思维也确实不一定能看懂。

真长期主义者不拘泥于教条和形式,对他们来说,再大的存量该放弃时就会果断放弃;再多的苦劳,如果没有功劳就是没有功劳;已经被验证为错误的模式,该修改的就会立刻被修改,不存在任何一成不变的模式。

这样的思想和路线,一些人在情感上不能接受,或能力也匹配不了。那既然接受不了,必然不会给予支持,甚至还会否定和嘲笑。

而真长期主义者是不会在意这些的,因为他们知道为了长期的被理解,必然会有短期的不被理解。绝不会因为追求一部分人短期的理解,而牺牲了长期的正确。

（四）

真长期主义者，也绝不是精致的利己主义者。

有的人对生活看似有点追求，对成长看似有些目标，每天嚷嚷着要学习、要进步、要遇见更好的自己，有自认为的品味和品德，但骨子里的一切思想和行为都是只为自己的利益，为自己的名利欲望。这不可能是长期主义，从根本上也不可能实现长期价值。

我们说过，真长期主义者必然拥有爱与梦想，这就决定了长期主义是具备利他性的，否则称不上爱与梦想。读完本书，大家也会更深知道，仅仅利己而不具备利他性的事情，是根本不可能具备长期性的。

（五）

我们这本书归根结底就是要更深入地讨论上面所说的几点。

我们应当追求怎样的价值？是存量价值的"内卷"与腾挪，还是增量价值的创造与开拓？本书的第一章，其主题是"原理"，这一章是全书的基础，引出了"增量价值"这一概念。

关于第一章的阅读，需要有一定的耐心，最好还要进行一定的衍生学习。因为我们会提及"货币""商品"等诸多基础概念，如果能通过其他渠道深入理解这些概念，那对全书的理解会更加透彻。

本书第二章的主题是"视角"。我们是一群注定要自己对自己负责的人，应当明白如何看待自己、理解他人，如何看待要做的一些必要的事情。

第三章与第四章则分别聚焦于"个人"与"组织",介绍了个人应该如何做一些事情,应该具备怎样的思想。同样,也介绍了作为组织的创建者以及组织中的一员,应该具备怎样的思想和掌握哪些方法。

我对本书的定位是,绝不追求它成为一本爆款畅销书,我希望它能成为读者的"常用书",我认为真长期主义者本身就应当有一些常用书。

所谓"常用书",就是需要反复翻阅的书,类似工具书。

本书的内容已经决定了它不是一本快速读完一遍就过的书,那样基本是囫囵吞枣,不会有实质性收获。当然有的朋友并不一定认可这本书。这本书确实也并非适用于所有人,这很正常。不认可的事物或者对自己没有帮助的事物,确实也没必要在其上浪费时间。

有的东西要多看几遍才能内化。我建议,对大多数读者来说,应当真正把这本书的作用发挥出来。我并不是一个专业的写书人,我写本书很重要的一个目的在于,通过本书把自己的思想加以归纳和体系化。我本人会把本书作为我生活和工作的思想脚手架和行动指南,我对读者的期望自然也是如此,所以大家应该带着自己的理解去真正反复且深入地阅读本书才行。

读完一遍后,大家可以时常不按顺序地翻阅其中的内容。而对于本书中一些不理解的地方,我建议进行更多更深入的思考,多去查询相关资料。有不同的意见也可以指出,此外,对于一些不理解的地方,大家可能会在未来特定的一些实践中有所理解。人生中读过的一些书,听过的一些话,有很多在最初的时候是没什么感觉的,只有真正遇到了某些事才会对书中讲解的内容有真切透彻的理解。如果本书中有一些话语或片段，让你在某些情形下突然想起来或得以验证，那届时应该重温书中相关的内容细节，这样你便会对该细节以及当下的经历有更深的感受和认识。

本书前后的内容具备一定的关联性。我在某章的讲解中会频繁提及或引用其他章节的内容，所以阅读本书的时候，常常需要前后对照阅读。

本书还是一本持续迭代中的书！

人非圣贤，**我在这本书里，必然有很多表达不周到，以及思考不全面的地方**。我一直认为，纸质书这样的形式是有它的局限性的。一本真正的好书不应该是一次出版印刷就被定格的，它应当可以根据作者的认知演化而被反复修改和迭代的，可以像一款软件一样被持续迭代升级。

但纸质书的形式对此并不能很好地支持。我们今天所看到的"电子书"，本质上也只是把纸质书原封不动地搬到电子设备上，所谓的电子书没有对传统书籍形式进行真正的变革。

好在我们今天拥有 Git，Git 是一个好工具，程序员都了解，它是一个版本管理系统，它能助力我们长期修改、优化代码或文档，并且保留每一次修改、优化痕迹。大家若有兴趣，可以自行通过搜索引擎了解 Git 的用途。

所以一段时间以后，我应该会将本书开源发布到 GitHub 上，这本书目前可以说仅仅是 1.0 之前的版本，我期待更多读者朋友给我反馈和与我沟通，我们一起来完善这本书，并构造基于这本书的生态。

目　　录

序言
做真长期主义者

第一章
原理

- 第一节　我们身处怎样的世界　4
  - 科技发展的利弊　5
  - 科技发展的原动力　8
  - 在此现实中做对的事情　10

- 第二节　认识货币　12
  - 作为消费金的货币　14
  - 作为资本的货币　18
  - 作为公益金的货币　21
  - 货币的本质　22

- 第三节　认识商品　24
  - 商品如何构成　25
  - 商品的基本属性　27
  - 市场中的商品　33

第四节　创造更多的价值　38
- 个人创造更多价值　39
- 增加劳动时间　40
- 减少无效动作　42
- 个人的"天花板"　44
- 组织能突破个人的"天花板"　45

第五节　良知是基础　47
- 向善的推动力　49
- 良知能让我们正确　53

第六节　创造增量价值　54
- 增量价值的误区　54
- 三位一体的增量　57

第七节　理解增量价值　60

第二章
视角

第一节　认识自己与认识他人　64
- 悟性有高低　64
- 人的外在属性　65
- 人的内在属性　67
- 所处的阶段　68
- 认识的难度　70

第二节 人有天性上的差异 72
有差异是常态 72
改变的成本极大 74
与差异共存 76

第三节 人有后天视角的盲区 78
人皆有盲区 78
追求拨云见日 80
如何拨云见日 81

第四节 两个重要问题 83
要做多大的事 84
我们在哪儿 89

第五节 优秀的同行者 91
最好的办公环境 91
"优秀个体"的画像 92
勤奋 93
理性 95
善良 96
自己必须优秀 97

第六节 建构优秀的组织 99
组织自身能持续进钱 100
组织优秀成员获得超额收益 101
组织做的事情对社会持续有益 103

第七节　人设和行动　104
　我们需要被认同　104
　人设与宣传　105
　实干与成绩　108

第八节　自己的宿命　110

第三章
个人

第一节　运动和健康最重要　114
　运动是必选项　114
　鼓励伙伴们运动　115

第二节　生命中的几种人　117
　牛人　118
　贵人　118
　高人　120
　敌人　121

第三节　一切主要靠自己　123
　外因与内因　123
　是找方法还是找借口　127
　风口上的猪不会飞　128

第四节　关键的条件要主动争取　129
　阶层没有固化　130
　主动争取　132

第五节　运气　134
　　"运气"为何存在　134
　　时间会抹平运气　136

第六节　不要有一夜暴富的幻想　138
　　不要为幻想买单　139
　　相信勤奋　140
　　合规合法赚钱　141
　　长期主义的起点　142

第七节　改造我们的学习　144
　　跟谁学习　146
　　学习有体系且有难度的知识　149
　　渐进与飞跃　151

第八节　没那么多非黑即白　156
　　非黑即白必然囫囵吞枣　156
　　触及事物的本质　158
　　脱离非黑即白后的快乐　160

第九节　人要有坚定的立场　161
　　人要有立场　161
　　站准立场　162
　　为立场行动是信任的基石　164

第十节　我们要有方法论　166
　　为什么需要方法论　167
　　方法论有层级　169
　　形成自己的方法论　170
　　持续迭代方法论　171

第十一节 诚信靠谱为什么重要 173
- 诚信靠谱是底层共识 174
- 信任度有多重要 176
- 不轻易做出承诺 177
- 不吹牛 177
- 少找借口 178

第十二节 我的公益观 180

第四章

组织

第一节 从小事情到大系统 188
- 系统的构成 189
- 能力和目标 190
- 运行方式 191
- 普遍联系 192
- 以终为始 193

第二节 从个人能力到组织能力 194
- 个人能力太有限 194
- 何为组织 196
- 组织能力 198
- 忘我 201

第三节　组织的人才系统　203

- 筛选战友　203
- 样本量要足够多　206
- 储备干部　209
- 借假修真　210
- 对大多数人负责　211

第四节　"土匪"和精英　213

- 常见的两种对手　214
- 如何与他们竞争　215
- 二者兼具　218

第五节　充分运用好工具　220

- 技术工具和思想工具　220
- 好工具的成本　223
- 关注和改造工作流　225

第六节　可复用　228

- 打造可复用的过程模板　230
- 打造可复用的成果作品　231

第七节　两张表　233

- 组织架构　233
- 岗位事务表　236
- 项目表　238
- OA 化　239

第八节　六板斧　241
- 定目标与写表格　242
- 追过程与出结果　243
- 必复盘与分利润　244

第九节　成功和失败的原因　245
- 多因素　246
- 主要与次要　247
- 结果的反作用　248
- 结果延迟　249

第十节　眼前就得有物可售　251
- 有明确的商品　251
- 商品是一切服务的总和　252
- 强化销售能力　254

第十一节　流量方法论　256
- 不要迷恋"术"　257
- 蛮力引流　259
- 势能引流　262
- 投放引流　264
- 裂变引流　266
- 生态位引流　267

第十二节　注重商业向善　269

第十三节　生态位与增量价值　273
- 找到自身的生态　273
- 追求更好的生态　276
- 构建我们的生态　278

Incremental Value

人生中读过的一些书，听过的一些话，
有很多在最初的时候是没什么感觉的。

只有真正遇到了某些事，
才会对书中讲解的内容有真切透彻的理解。

第一章 原理

- 我们身处怎样的世界
- 认识货币
- 认识商品
- 创造更多的价值
- 良知是基础
- 创造增量价值
- 理解增量价值

第一节
我们身处怎样的世界

当我写这本书的时候,正值"元宇宙"概念的爆发期。注意,这里说的不是元宇宙本身的爆发期,而是"概念"的爆发期。

估计等本书出版的时候,相关股票价格已经大幅回落了。但在此时,国际国内但凡与元宇宙沾点儿边的概念股都应声大涨,甚至美国互联网巨头"脸书"也将品牌名改成了与元宇宙相关的名称。

其实,资本市场炒作概念从来不是什么新鲜事,这些被炒作的概念未来有的会被落地实现,有的则纯粹是为短期拉一拉股票价格。但不论概念最终能否普及落地,还是只炒作股票,从某种程度上来说,这两件事其实是同一件事!

科技发展的利弊

国内某大型科技公司的口号是：科技让生活更美好。但科技真的能让生活更美好吗？

作为一名"90后"互联网创业者，过去的我对科技的发展从来没怀疑过。但今天当我再回头看这个世界上发生的很多事情及自己的人生经历时，我不得不开始思考，科技的发展于人类到底有着怎样的利害关系？

科技到底带给了我们什么？我思来想去，科技给我们带来了两样东西。一种是基于科技的**生活资料**，另一种是基于科技的**生产资料**。

先说第一种，科技给我们带来的生活资料。所谓生活资料，就是如现在生活中常用的科技消费品，手机、电脑、智能汽车、智能家电、扫地机器人、未来的元宇宙服务，等等。

在人类过往漫长的文明史中，大多数时候显然是没有这些东西的，人们压根就不知道这些东西的存在。几千年来，人类依靠信件进行通信，依靠驴马、人力作为交通工具……

我成长在一个科技开始进步的年代，记得小时候第一次上电脑课时，学校电脑教室用的还是没有图形界面的 DOS 系统。在我上小学四年级时，家里买了第一台装有 Windows Me 操作系统的电脑。在后来的几年里，互联网和移动互联网发展迅猛，各种软硬件层出不穷。我也因此算是真切地感受到科技的"生活资料"迅猛发展的一代人。

今天的小孩子都会玩平板电脑，他们都是真正意义上的互联网原住民。今天的我们，人手一台智能手机，它仿佛成为我们身体外的器官一般存在，我们难以再离开它。当手机没电或不在身边的时候，我们会很不舒服，甚至感到焦虑。

当我此刻正在撰写本书的时候，我家的扫地机器人正在我脚下叽里咕噜地工作，这是我新购买的扫地机器人，它不仅能扫地，扫完还能拖地。这机器人看似很不错，居然能代替人工帮我们打扫卫生，可以解放我们的双手，以便去做更多其他事情。但仔细想来，这个东西在没有被发明的时候，我们真的就忙到或懒到没时间、没力气去打扫卫生了吗？小时候没有这些智能工具，我的家好像也被打扫得挺整洁。

回忆过去，我们在没有这些事物的时候，似乎也并没有因为它们的不存在而有过焦虑的感受。相反，有很多生活与生命的乐趣，因为科技的发展而使某些东西永久性消逝，这样的例子有很多。

人类在科技、互联网、资本不发达的几千年中繁衍生息，从未间断。在这期间，人类社会出现了大量的文学精品、艺术作品与哲学思考，这些都是人类文明不朽的结晶。

似乎真的很难说，没有科技带给我们的生活资料，人类过得就"很不好"。科技满足了我们的很多欲望，但又制造了很多新的欲望，这些欲望并不一定对我们是完全利好的，抑或并非是我们的刚需。

再说科技带给我们的生产资料。所谓生产资料，就是如更先进的生产机器、技术框架，等等。

从瓦特发明蒸汽机，到工业自动化，再到现在热火朝天的人工智能，科技带来的是生产效率一次又一次的革命，原来要许多人工做的工作，现在一台自动化设备便可替代。这一切看似是多么进步的创新！的确，它确实带给我们积极的一面，生产效率的提升给我们带来了更多的生活资料。

但我们真的时时刻刻都需要那么高的生产效率吗？今天有很多企业面临严重的产能过剩问题，造出来的商品也许本身从效用上就是多余的，抑或从数量上是多余的。

技术驱动的效率增长让很多人失业也是一个事实，很多劳动者的工作岗位因所谓先进技术而被取代。当然这在很多人看来是"理所应当"的进步，过去的我也这样认为，科技的发展似乎本就应该淘汰落后的生产力。我们从骨子里已经坚信"时间就是金钱，效率就是生命"，但事实上，这样的因果关系真的就应当天然成立吗？凭什么！

当然，科技对人类明确有益的事情有很多，譬如农业的现代化让数以亿计的人解决了温饱问题，再譬如特效药的研发挽救了人类的生命，等等。

总之，我认为科技与人类的利害关系是很难一概而论的。但我确定科技的发展绝对不是很多人所认为的无条件的"有利"和"进步"的。

其实把这个问题放到本书第一节，很多人是没办法理解的，但它对于全书很重要。

科技发展的原动力

我们要深刻认识科技发展给我们带来的利弊，这需要了解科技发展的动力和动机是什么，科技之所以能够持续迅猛地发展，其一定是有底层的、本质的原动力的，**这个动力来自哪里呢？**

这个动力是人类普遍的道德要求吗？是人类的善良、怜悯及对社会和对他人的爱推动着人类创造了这些科技吗？我不能说完全不是，但这绝不是普遍情况。也许企业家或科学家在研发新技术与新产品的过程中，个人拥有较高的道德愿景，但这不是起决定性作用的底层原动力。如果科技的发展完全是基于人类善良的道德要求所推动的，那一定不是今天的样子。

这个原动力是少数英雄的自我实现之心与专注专业的赤子之心在推动着技术的整体发展吗？"埃隆·马斯克"的形象今天被很多人所推崇，他有着英雄主义般的个人魅力，干的事情似乎又很酷。但我想他也只是一个有着塑造独特的战略目标、经营策略、产品能力、企业文化的企业家。他的企业本质上与其他企业一样，也要上市，也需要融资，也需要生产力，也需要市场，没有这些，光靠个人英雄主义，那是不行的。

我想，持续推动技术发展的底层原动力还是资本增殖的需要！

说直白一些就是：因为要赚钱，所以需要搞出新技术！可以说，今天市面上一切基于科技的新生活资料和生产资料，本质都是因为有相关的人和企业想要赚钱，才搞出来的。

当我说出这点事实的时候，听上去是那样没格局、没愿景，甚至会让一部分人觉得我狭隘。但这就是事实上的归根结底的真实原动力。

今天的我们，事实上就身处在一个需要资本疯狂增殖的世界中。资本这个东西，它在诞生的那一刻起其基因就要求它不断地增殖、增殖、再增殖！谁都没法让它停止增殖。

"资本"这个词语，其在汉字中就有一个"本"字，它就是一种"本金"，而有本就有利，因为必然有"利"才会有"本"的概念。

这些都不是由某一个人的意志所决定的,是由资本自身规律所决定的。资本会突破各种疆域,将地球上的资源作为其增殖扩张的原料,而后持续给人们创造新的体验与新的需求,做出新的可以交换的商品。

不仅要做出商品,还需要更快速且成本更低地生产商品,只有这样,资本才能最大化地增殖。而这一切天然就需要"技术"来驱动。

在此现实中做对的事情

本节一开始所说的:

> 不论概念最终能否普及落地,还是只炒作股票,其实从某种程度上来说,这两件事是同一件事。

为什么是同一件事呢?因为不管是炒作股票,还是实实在在把概念落地,这两件事情的本质目的是一样的,都是为了资本增殖这一件事。

今天这个世界,在政治、经济领域发生的一切事情,以及我们日常生活工作中碰到的问题或许都是"资本的增殖需要"在起作用。资本若没有增殖,资本就会消失。这是一个漫长的话题。

中国的哲学思想中讲究"天人合一",人类或许本可以伴随着大自然这套精妙的系统繁衍生息,自然度过一生。但现在看来,我们是没办法"躺平"的,因为我们已经身处当下。

注意,在本书里,我们并没有对"资本增殖"这件事情给予明确的道德评价,我从来没有说这件事情一定是好的或是不好的,很多事情也不是好与不好可以界定的。

我们只是需要理性清楚地了解现实的规则。我们生存在某个规则下,我们就得充分地认识这个规则,利用好这个规则。

今天的我们,应当在内心理解这一切原理的前提下,在这个现实规则下做我们认为正确的事情。我们要利用其本身的特性来服务我们认为正确的事情,把要做的事情做得更好!

正如我们需要积极地拥抱资本增殖,也要拥抱科技创新。

事物是发展的!其实我从内心坚定地相信,未来有一天,这个世界将不再以"资本增殖"作为中心范式。如果某一天这个世界进化成了更先进的范式,我们无悔无愧,因为我们是推动力!

第二节
认识货币

很多朋友都希望赚钱，希望达到所谓"财富自由"的状态，包括我也一样。而日常我们所说的"钱"其实是一种口语化的表达，与日常所说的"钱"最接近的概念就是"货币"，所以我们在本书中完全可以把"钱"理解成货币。

"货币"到底是什么？我们真的认识它吗？在写这本书之前，我与很多人交流过这个问题，大家都能说上一二，但聊深了就会出现各种混淆。其实大多数人对货币的认识都是非常有限的。

货币到底是什么？是纸币？是支付宝里的余额？是数字货币？是黄金白银？还是我们中学课本中学过的，货币是价值尺度、是流通手段、是一般等价物？其实这些都是，我们很难通过本书的一个章节就把这些关系全面说清楚，这显然也不是本书的功能。但本节我会尽量从几个我们需要的角度来带领大家认识一部分关于货币的问题，这也是本书后文中诸多思想需要用到的基础知识。

要认识货币，就需要理解当我们拥有货币时，到底能使用它来干些什么事？这个问题在一些人看来很可笑，他们一拍脑门儿就能想到，货币当然是用来花的，是用来买吃买穿、买车买房的……

实际上，货币在我看来有三种最本质的形式，或者说是本质的用途，它们分别为：

- 作为消费金的货币。
- 作为资本的货币。
- 作为慈善金的货币。

通俗地说，货币可以用来干什么？可以用来消费，可以用来投资，也可以用来做慈善。消费、投资、慈善，三者之间有着本质的区别，而这三者都需要通过货币来完成。我们接下来对这三个方面逐一细化。

作为消费金的货币

人类的货币历经过很多阶段,其中作为"消费金"的货币是其最基础和最原始的形式,我们从"货币"在历史中的演变开始说起。

人类社会的早期是没有货币的,那时候一切交易都是基于"物物交换"的。比如,我会做馒头,你会做鞋子,我做了二十个馒头,自己吃十个,你做了两双鞋,自己穿一双。于是我把剩下的十个馒头给你,你把你剩下的一双鞋给我,这样咱俩都有馒头吃,也都有鞋穿。

假如我们把馒头和鞋都称为"商品",这时候人们进行商品交换的公式比较简单,即:

$$商品 \rightarrow 商品$$

商品直接换成商品,挺好的。这其实是一种社会协作方式,其主要是为了满足人们的生活需求。

但长此以往,人们发现这种以物易物的交易方式存在一些问题。假如有一天我想用馒头换鞋,但是做鞋的人不想吃馒头,而想吃大米，那我就得先用馒头换成大米，再用大米换成鞋，这样效率非常低。

并且"鞋"和"馒头"，到底谁的"价值量"更大，也很难说清楚。我用馒头换你的鞋，你却说，做馒头只要半天，而做鞋要花两天功夫，这样扯皮的事情不会少，会搞出一堆麻烦。

随着事情的逐步发展，人们也想到，如果找一种有共识的"中间品"作为通用的交易媒介，那大家可以先把自己制造的商品置换成这个中间品，再用中间品来交换自己需要的东西，这样会方便很多，而这种中间品就是我们中学课本里说的"一般等价物"。

历史上，贝壳、石头、金银、牛羊、谷物等都曾充当过一般等价物。古希腊诗人荷马的诗篇中曾提到这样的交换关系：1个女奴隶换4头公牛，一个铜制的三角架换12头公牛，等等。

这其中自然又经过了很多演化，总之这个中间品就成了"货币"。

自从有了货币，大家直接用被认可的货币量来交换相应的商品，认可就交换、不认可就不交换，不再需要扯皮，而这个交换比例就是货币的职能之一：价值尺度。

同时货币作为交易的媒介，商品出售者把商品转化为货币，然后再用货币去购买自己需要的商品，这也是货币的职能之一：流通手段。

这时商品交换的公式已然发生了变化，不再是简单的**商品→商品**，而变成了：

商品→货币→商品

这时的货币就是一个中间的交易媒介，它的存在是在帮我们"统一度量衡"并提高商品交换的效率。我们在这个过程中会获得货币，但要切记，这个时候最终的目的还是为了把货币换成我们所需的商品。即，公式的起点是商品，中间要换成货币，**但最终目的还是要换成商品**！也就是说，我们的交易还是为了满足生活需求。

其实每个人都在做这样的动作，我们依靠大自然赋予的资源，对其进行劳作加工，所得的成果会换成货币，再用这些货币去换取其他生活所需的商品。

有的小生意人，就是制造出某种商品，换成货币，以养家糊口。很多的"白领"和网上常说的"打工人"，则是把自己的劳动时间和劳动力打包成一种特殊的商品卖出去，由此获得货币，然后用这些货币去交换其他衣食住行的所需。

所谓的"养家糊口"，以及把货币最终换成衣食住行、生活所需的过程就是"消费"。而用于消费的这些货币就是一种

"消费金",它的用途就是消费以满足自己或家庭的生活所需,别无其他,这也是货币的本质使用形式之一。

而这种售卖劳动商品获得"消费金"的过程自然也是很多人所理解的"赚钱"。确实,我们在外打工,创业做小生意,都是在赚钱,但这样赚的钱好像总是不多,好像总是很难有结余,好像一辈子也不会达到财富自由,为什么?

这其中隐藏着很多人终其一生都无法参透的秘密,但这个秘密说来倒也十分简单,因为你赚的这些货币,它本质只是一个"消费金",我们注意,在汉字中它天然就带着一个"消"字,这意味着它还没产生的时候就已经决定了它会被"消除",注定要被消除的货币当然不可能让你发大财。

无论你是一个做小生意的生产者,还是出卖自己的劳动时间赚钱的打工人,所谓赚的"钱",其实本身就是你的钱,因为你确实付出了劳动,而这些劳动本身就具备价值,仅仅是用你本有的价值置换成了货币的形式而已。你之所以拥有劳动能力,之所以拥有用劳动换取货币的能力,不是因为别人对你的赏赐,其本质是因为你活着,你活着就天然能从事一定的体力和脑力劳动。而维持活着的要素就是你的衣食住行,就是那些你生活所需的东西。而你用劳动置换的货币事实上是没有产生增量的,它又完全消耗到维持你活着的生活要素上了。

因此,你是不会有太多结余的。这种方式赚的货币,都是必将被消耗的消费金,而不是"资本"。

作为资本的货币

我们继续沿着货币的演化来讲。先前讲到,当货币被作为消费金的时候,其公式为:

$$商品 \rightarrow 货币 \rightarrow 商品$$

在货币诞生的时候,所有人都以这个公式行事,人们劳动是为了获得自己应得的消费金,从而通过消费金置换其他生活必需品。

但事情总在逐渐发生变化。有一部分人逐步发现,货币这个媒介既然可以用来交换商品,那只要有足够多的媒介就可以换足够多的商品,似乎这个媒介本身就是一个万能的通行证,这样看来,这个媒介甚至比想要的商品本身更有吸引力!

一些人居然开始"本末倒置"了,他们发现,其实可以不把获得商品作为最终目的,而把拥有更多货币作为最终目的,有了货币自然可以购买更多商品。这在今天的商业与投资中看来是理所应当的事情,但这其实是人类历史发展中一个极其惊人的巨大转变。人类社会的经济、政治、科技等都将因此发生剧变。

人们发现，当有了货币以后，完全可以拿着货币去换取某些商品，而换取的目的不再是自己享用，而是把它高价卖出去，从而获得更多的货币。有了更多的货币再去买更多的商品，再卖掉，如此循环往复，积累的货币就会越来越多。**而这就是货币的增殖！**

至于如何才能把低价买来的东西以高价卖出去，这在下一节"认识商品"中会详细讲解，这一节先简单提及。

简单地说，货币增殖的本质方式一定需要对一些原材料型的商品进行劳动加工，只有对其劳动加工后，原商品的价值才能提升，卖掉它才能获得更多的货币。

因为种种复杂的演化，原材料、土地、人的劳动等要素居然都可以通过货币交换而得到。比如用本钱购买原材料商品，再购买（雇用）劳动力、土地使用权，这样就可以依靠这些要素进行生产，从而造出新的更值钱的商品。

拥有货币的人，完全可以**依靠"货币"去购买"货币增殖"的一切要素**。你仔细想象这是一个多大的变化？以前购买东西，只为生活所需，而这里买东西的目的却是让货币增殖。

用于购买这些要素的货币，不再是"消费金"了。因为它的目的天然就不再是为了"消"，而是为了"增"。它的存在天然就是为了获得更多货币，所以它自身就是一种"需要增殖的货币"，而这种**需要增殖的货币就被称为"资本"**。其实资本的"本"字已经形象地说明了一切，它就是一种本金，而不是一种要消除自己的消费金。

这时公式变成：

$$货币 \rightarrow 商品 \rightarrow 增殖后的货币$$

公式的终点完全可以不是商品，而是增殖后的货币。这就是我们说的**货币的第二种使用形式：资本**。

当然，资本发展到今天，生产要素及资本本身会被包装成更特殊的商品，如证券、期货等形式，它们自身也可被用于资本投资，这些内容就不展开说了，但我们要知道"资本"最天然的本性就要求它去增殖，世界上绝对没有不需要增殖的资本。

读到这里，我们会知道，为什么光靠劳动换取消费金是不可能达到"财富自由"的。同时也会更加理解我们在本章第一节所讲的事实，我们身处在一个资本疯狂增殖的时代，资本与生俱来的基因就要求它必须增殖、增殖、再增殖。这也是为什么很多人说，资本天然逐利，如果资本不追求利，资本就不是资本了，而是一种消费金或公益金。

作为公益金的货币

货币的第三种使用形式就是公益金,这里说的公益是一种广义的"公益"。虽然大多数人很少把货币作为公益金去使用,但它确实是货币区别于"消费金"和"资本"的另一种基础使用形式。

公益金是非常特殊的,它是唯一一种使用后就确定不会返回任何物质结果的方式。你花钱消费,能买到一件商品。你花钱投资,可能会赚更多的钱。但你花钱做公益,是确定不会有物质层面的回报的。

但它事实上是最合理的,因为人的所有能够剩余出来的货币,本质上都来源于社会,而通过公益的形式让它回到社会中,回到需要的人那里去,本就是当下非常高级和智慧的使用形式。

关于公益金整体是比较好理解的。而关于公益相关的思考,本书后文还会有深入的提及,它在创造增量价值的过程中也非常重要。

货币的本质

我是一个创业者，我每天要花很多时间去研究如何创造价值，如何获得更多利润。其实经常有人问我：你年纪轻轻，赚那么多钱干什么？

其实我根本就不需要回答这个问题。因为问我这个问题的人，大多仅仅是想表现出自己有更高尚的愿景和情怀。其实他们都非常明白为什么要赚钱，没有人不明白！**有了钱，可以买自己想要的东西。有了钱，可以赚更多的钱。有了钱，可以为社会做更多的事情。**

但他们会说，没钱也可以做很多事情。这一点我当然承认！但是没有钱，就会有很多重要的事情干不了。在当今的社会中，货币的本质就是一种支配权，是一种事实上的力量。"**事实上的力量**"是从不需要开口声明的，不需要反复声明它的有效性，因为它就是那么真实存在的。

货币不管是作为消费金、还是资本，或是公益金去使用，它的本质都是对一些事物的支配。当拥有了货币，就拥有了这种事实上的力量。

正如去餐厅吃饭，我们不需要与餐厅的厨师和服务员声明，我们拥有怎样良好的关系，所以你要为我服务，要为我做菜。不需要说这些，也不需要见到厨师，厨师就会为我们服务，因为他知道我们是会支付费用的。本质就是他知道，我们拥有这一份支配他们烧一顿菜的力量。

这个力量就是货币的本质。如上一节最后提到的，我们需要在这个现实规则下，利用这个力量做我们认为正确的事情，最终达到目的。

但我们一定又要知道，当某一天我们拥有了这种事实上的力量，我们要把这个力量行使在什么地方。**是完全行使在狭隘的自我享乐中，还是行使在掠夺更多人的利益上，还是行使在为更多人创造福祉中？**

第三节
认识商品

我们继续从"如何赚钱"这个话题说起,我见过很多的创业者、企业家、老板,无论是在商会、在商学院,我深入研究过他们中很多的人行业和发家致富的路径。我发现,无论在哪个行业、无论在何种商业模式下,本质上"合法赚钱"的底层方法都是一致的,这概括起来很简单,就是六个字:**有商品,能卖掉**。万变不离其宗,能造出商品来,还能卖出去,你就能赚钱。

我们在上一节中说过，赚钱分两种，一种是赚消费金，另一种是赚能增殖的货币，即资本。这两种方式，今天也都需要"有商品，能卖掉"才能实现。**所以我说"商品是赚钱的要素"。**

当然要真正吃透商品的内涵也并不容易，我们需要对"商品"这个概念有更深刻的认识。

商品如何构成

商品是赚钱的要素，但我们要知道，商品绝不是凭空从石头缝里蹦出来的。它是如何构成的呢？它一定都是人造出来的，而要造出商品就需要一些要素。

首先，任何商品都需要原材料，这是构成商品的要素之一。原材料可能是未经过加工的自然资源，如矿产、石油、森林资源等，也可能是已经加工过的半成品或零部件，我们将这些统称为：**劳动对象。**

人类历史上为了劳动对象发生过数不清的流血和肮脏的掠夺。当然到了今天，一切都变得文明了，劳动对象本身也成了可以文明交易的商品。

但有了"劳动对象"还不够，我们还得有"人"对这些劳动对象进行劳动。就好比开一家餐厅，买回来的菜，得有厨师来烧。没有厨师烧菜，那这些"劳动对象"没法成为你可以出售的"菜品"，而这里的"人"就是"劳动者"！

劳动者的劳动力也是商品构成的主要要素。有人说，未来都靠人工智能，不需要劳动者，这是有失偏颇的。在可以预见的未来，即便造出了人工智能机器人、造出了元宇宙，也还是需要无数程序员去劳动的。

而在人类历史上，为了剥削和压迫劳动者，也发生过数不清的欺骗与奴役。当然到了今天，劳动力也变成了一种可以文明交易的特殊商品。通过招聘网站去应聘，事实上就是把自己的劳动时间和劳动力作为商品出售。雇用的员工事实上也是我们用资本去支配劳动力。

但仅有劳动对象和劳动力两者还不够。正如我们开一家餐厅，不仅需要原材料和厨师，还需要锅碗瓢盆，还需要门面。如果开一家制造业的工厂，那还需要土地、厂房、设备。我们开互联网公司需要租写字楼，需要电脑设备。而这些土地、设备、工具等，称之为"**劳动资料**"，它同样是构成商品的要素。

显然，在人类的历史中，对于劳动资料的血腥掠夺也没少发生，好在劳动资料与前两者也一样，今天也成了可以文明交易的商品。

由此我们说了生产力的三个要素：**劳动对象，劳动者，劳动资料**。这三者就构成了商品的要素，它们也被称为生产要素！

我们说了，这三要素中的任何一个要素，在人类的历史中都有过肮脏的掠夺和血腥的斗争。但今天这一切变得文明了很多，今天这三个要素本身也都是商品，都可以用资本去购买，由此你要更加理解我们前两节中对资本的一些描述，资本本身就是一种支配权。当我们利用资本购买这三种商品以后，将其整合，就可以合成出新的商品。

商品的基本属性

政治经济学的教材中告诉过我们，商品都有**二重性**。即商品具有：**使用价值**和**价值**（价值也称交换价值）两种属性。这两种属性，我们在本书中也需借用。

何为属性？这个很好理解，每一个事物和它的同类，都有一些共有的特征，也许特征的内容不一样，但大家都有。比如作为人来说，每个人都有自己的姓名、年龄、性别、爱好。虽然每个人的姓名不一样，但必须都有名字。

而每一种商品,它之所以能被称为商品,都必然具备**使用价值**和**价值**这两种基本属性。所以为方便大家理解,我们可以画一张表。

商品名称	使用价值	价值

每一种商品都可以填写这张表。那使用价值是什么意思呢?换句话说,在这张表里,我们面对使用价值这个字段,应该如何填写呢?

简单地说,使用价值就是这个商品能干什么,能解决什么问题。可以简单地将其理解为,值就是商品的用途。我们以某品牌"矿泉水"为例来填写这张表格。

商品名称	使用价值	价值
某品牌矿泉水	解渴、补充人体所需水分	

这瓶矿泉水的使用价值非常明了，就是解渴与补充人体所需水分。

大家一定要记住，**不同的商品，从使用价值上来说，只有"质"的差异，而无"量"的差别**。我们不需要去争论一种商品相比于其他商品来说，其使用价值是高还是低，是大还是小，使用价值不具备数量上的比较性。

商品名称	使用价值	价值
某品牌矿泉水	解渴；补充人体所需水分	
某品牌汽车	日常代步；长途出行	

如上表，矿泉水具备一定的使用价值，汽车也具备一定的使用价值。它们各有各的使用价值，各自性质不同，各自无关联，它们的使用价值没有可比性。

不能说哪个使用价值更高或更低，也不能说一辆汽车比一瓶矿泉水贵，所以汽车的使用价值更高！更不能说，人不喝水会死，所以矿泉水比汽车的使用价值更高。是的，人不喝水确实会死，但那是生物学范畴的问题，这里讨论的是商品的问题。

关于商品的使用价值，后面还要细说。我们先来看与使用价值相对的另一个基本属性"价值"。

"价值"与"使用价值"是完全不同的概念。所谓的价值，我更喜欢称之为"价值量"，它是一个量化的数值。**与使用价值不同的是，价值量只有数量上的差异，而不涉及质的差异。**不同的商品，是可以根据价值量做比较的。

程序员朋友肯定更能理解，本质上，使用价值和价值的"数据类型"不一样。所谓"价值"字段，它接受的"数据类型"只能是数值，是可以比较和运算的，而使用价值则是一段描述性的字符串。

简单地说，每种商品都有价格，这个价格就是一个数值。你可以说一瓶矿泉水的价格是1元，但你不能说一瓶矿泉水的价格是可以解渴。当然价格和价值也不是同一件事。现实中商品的价格受复杂的经济因素影响，我们后面会说。但为了方便理解，我们可以简单地将其理解为，一种商品有效且稳定的价格，从某种程度上确实能够反映和衡量出商品的价值。

那为什么不同的商品，可以根据价值量做比较呢？一瓶矿泉水和一辆汽车，各有使用价值，但到底为什么一辆汽车的价值量或价格要比一瓶矿泉水高呢？你问别人为什么汽车比矿泉水贵，别人可能会觉得这还用问吗，汽车理所当然就比矿泉水贵啊。但这个问题对我们来说非常重要！

任何事情都有原理，我们要剖析出其中的原理。了解劳动价值论的朋友会知道，人的劳动也有二重性，分别是具体劳动和抽象劳动，我们简要说一下。

不同的商品因为使用价值不一样，所以每种商品必然需要不同的劳动对象和劳动资料。并且，不同的商品有不同的制造工序和制造技术，在生产它们的时候具体的劳动过程肯定也是不一样的。

比如生产矿泉水和生产汽车在原材料、生产流程和技术上必然是有天壤之别的，这就是不同商品在具体劳动上的差异。

但不同商品在生产和交付的过程中，有共性吗？其实是有的。在生产一种商品的过程中总有些需要消耗的东西是相同的、无差别的。当我们把这些无差别的东西抽象出来时，其数量就决定着其价值量。

那商品制造过程中什么是无差别的呢？显然人的劳动是无差别的！制造不同的商品看似需要不同的工种，并且劳动者的素质、经验、背景也千差万别，但劳动者无论做什么工作，本质都是要消耗体力和脑力的。程序员写代码需要体力和脑力，外卖小哥需要体力和脑力，生产流水线上的工人也需要体力和脑力。既然消耗的东西都一样，那理论上就可以在不同的商品生产过程中抽象出一个数值来衡量商品的价值量，而这个衡量标准，我们称为制造某种商品的"社会必要劳动时间"。

马克思在《资本论》中提到"社会必要劳动时间"这一概念，它用以衡量某种商品的价值量。社会必要劳动时间是指在现有社会正常的生产条件下，在社会平均的劳动熟练程度和劳动强度下，制造某种使用价值所需要的劳动时间。

任何商品被制造出来都需要一定的社会必要劳动时间！所以马克思说：**价值是凝结在商品中的无差别的人类劳动。**

唯有人类的劳动是在不同商品中的无差别凝聚，每一种商品从被制造出来到完成交易的过程都需要必要劳动。而穿透进去，构成该商品的劳动资料、劳动对象，也都需要经过必要劳动，比如作为原材料的石油，当石油变成商品的时候，要经过人的开采、储运等，这背后也都凝结了劳动。而这一切劳动的总和就是这款商品的最终价值量！

所以为什么一辆汽车的价值量要大过一瓶矿泉水的价值量，因为一辆汽车被生产出来到卖给消费者，其所需要的社会必要劳动时间远大于生产一瓶矿泉水的社会必要劳动时间。

因为价值量具有很强的抽象性，所以在现实生活中，通常很难精确计算某种商品的社会必要劳动时间。但在市场经济下，市场会以另外的形式帮我们算好，这就是交换这款商品所需的货币量，也就是商品的价格。而在现实中，商品价格又因种种变量有着相当的复杂性和多样性，我们下文继续讲解。

市场中的商品

在前文中,我们说了商品的构成要素以及商品的基本属性,但真正要赚钱,还得在市场中把商品卖出去才行。

关于如何卖出商品,可以参考本书后面第四章第十节等相关章节的内容。在本节中,我们重点要说的是,商品存在于市场中的一些现实且多样的情况和特点。

我们还是先说一下商品的价格。前文我们提到过,现实中商品的价格受到多方面因素的影响。事实上,很难有一个精准的公式来概括各种价格的绝对成因。

有的人说,商品的价格由供需关系决定。有的人说,商品的价格受商品价值量决定。还有人认为,商品的价格受商品的使用价值决定。

这些不同的结论看似都有道理,但它们之间皆有矛盾性,皆在很多特例中不成立。

实际上,在真实的市场中,各种各样的变量非常多。光"价格"这一个词语,其本身就没办法全面概括现实中的价格的多样性。比如价格可以分为：短期的价格、长期可持续的价格、有充分成交量的有效价格、有价无市的价格，每一种情况都是不一样的。

我们认为，**一种成熟稳定的商品，其价格整体是由其价值决定的**，并且价格不会与其价值偏离太大，相对稳定和可持续。有一些商品的有效价格长期持续地高于或低于实际价值，有时是因为政府干预、特许经营，或垄断了特殊资源等原因。

而有一些商品在短期内其价格可能会脱离其价值，这也有多种原因，可能是因为它在短期内的供需关系发生了紊乱，比如在疫情一开始时，口罩会比平时贵不少。但供需关系并不是绝对关联着价格的，譬如钻石的供需关系，即使供给再充足，其价格也不会太便宜。

有的商品短期内的价格脱离价值，是因为该商品以及该商品所在的市场本身还不成熟，虽然产生了成交价格，但是不具备有效性和可持续性。此外，还有很多种特殊情况，但总体上，应当从长期的角度来看问题，我们认为商品可持续的有效价格还是会接近其实际的价值量的。

接下来，我要说的是，对于市场中的商品，我们还需要知道，真正在市场中成交的商品，其使用价值可能不仅仅是我们肉眼所看到的实物主体或服务主体。

举个例子,当我们购买苹果手机这款商品时,它的使用价值是什么?看似就是智能手机常规的使用价值,比如打电话、上网、拍照、装软件,等等。它的价值是什么?看似就是生产这款手机的社会必要劳动时间。

但实际上消费者购买的除了手机这个主体,还包含很多附属的东西,比如手机的保修服务,这个保修服务的使用价值可就不是上网、打电话了;再比如人们购买手机,可能还附带了如何使用手机的教学服务、附带的售后服务;还有实体店的购物环境和购物体验,以及销售人员的服务,等等。这些本质都是最终商品的组成部分,一整套的子商品最终打包成了最终成交的商品!这其中的每一个环节都包含了人的劳动,而不仅仅是手机主体。

所以要知道,**无论我们是购买还是售卖商品,最终成交的商品是包含了商品最终的价值的整体**。对这个问题有较为深刻的认识,有利于我们更好地制造和销售产品和服务,为此我将在本书第四章第十节中细说。

最后要说的是,市场中的奢侈品也是一种特别的商品。为什么爱马仕的包包和一个杂牌的包包相比,价格相差那么多?首先它们除了名称上都叫"包",其实使用价值和价值完全不一样,可以说是完全不相同的两种商品。

普通的包的使用价值只有拎东西。而爱马仕包的使用价值，除了能装东西，显然还有一些其他商品难以短期复制的效用，其"品牌护城河"极高，能影响很多人的观念，这种力量事实上也近似一种权力。并且普通的包所包含的价值量也较低，穿透进去看，其实诸如爱马仕这样的奢侈品在品牌塑造上就花费了几代人的大量劳动，并且奢侈品商品的主体、购物场所、当下的营销推广、名人背书，等等，都附带了劳动所产生的价值量。

当然如同爱马仕的包，其价值量虽比大多数其他包的价值量更大，但价值量的差别到底有没有它们价格之间的差别那么大，这也是很难说清楚的，这其中涉及更多复杂的变量。比如一个二十万元人民币的包，有一部分人愿意去购买，还有一部分人并不愿做这个交换，所以这个价格也并不一定是完全有效的。

总之，在现实市场中，因为各种变量太多，很多具体情况确实不能用一个完全精确的公式表示！但是普遍的规律是不会错的。

当理解了前文以后，再回看本节一开始我们所说的问题"如何赚钱"。

赚钱要"有商品，能卖掉"，那进一步追问，赚的钱，到底赚的是谁的钱？为什么卖掉就能赚钱？因为有"利润"。那再请问利润是如何产生的？

其实关于利润是怎么产生的,这个问题在复杂的市场中也是没有绝对准确的答案的,但其与商品的生产和售卖环节有着密切的联系。

比如有的人赚钱,是因为在商品生产的过程中剥削了劳动者的剩余价值,其克扣了劳动者应得的权益,把原本属于劳动者的果实占为了己有。比如旧社会的资本家、血汗工厂,等等,以及今天那些侵犯劳动者权益,或拖欠工资的企业和个人,本质都是如此。

有的人赚钱,是在商品使用价值上动了手脚。所生产的商品本不具备一些使用价值,但宣传时进行了夸大,从而赚了更多钱。还有的人,是在商品的价值量上动了手脚,商品本应有一定的价值量,但其以次充好,生产的商品价值量不足,于是在其中赚取利润。

这些都是反面教材,我们切不可用这些方式赚钱。

企业获得正常利润的方式可以是,比如获得某个优质商品的特许经营权,比如通过产品和服务的创新以创造更多新的使用价值,比如通过组织的革新,合理提升效率,从而降低成本,并增加商品的价值量,以及带着团队、带着劳动者创造增量价值,等等。

第四节
创造更多的价值

我们务必记住：

> 价值是凝结在商品中的无差别的人类劳动。

人因为劳动而生产出商品，从而创造出价值。

每个人都在多多少少地创造价值，但是不同的人所创造的价值量是有差异的。如果我们想获得更多的收入，以及想为社会做出更大的贡献，就得创造更多的价值。

如何能创造更多的价值呢？这是有很具体的标准方法的，本节我们细说这个话题。

个人创造更多价值

有一点要先声明一下,本书的主题叫"增量价值",这和现在所说的"创造更多的价值"并不完全是一回事,后面大家就会知道它们之间是有关联性的,但本节只讲如何创造更多的价值,它并不完全等同于创造增量价值。

在市场经济下,不仅仅是公司在向外部出售商品,所有的劳动者本质上都是在向外部出售商品。我们上班工作,其实就是把劳动时间作为商品出售,过往所积累的知识、经验、技能、技术都融合在劳动时间之中,被打包成了一种特殊的商品。我们通过出售这种商品,获得回报。

如果我们创业开一家公司,自己是创始人或 CEO,也许我们的股份会多一些,分红的时候或在资本市场中会有更多回报。但本质上我们也只是这家公司中的一员,事实上也是把个人的劳动时间打包成了商品出售给公司。

所以不管是公司员工,还是老板/创始人,事实上都需要出售"劳动力"这款特殊的商品。无论是谁,在创造价值的过程中,其实都是在消耗脑力或体力。

既然如此,那我们所说的"个人如何创造更多的价值",其思路就是需要**增加更多有效劳动**。由此我们有两个本质的方法来创造更多价值,那就是**增加劳动时间和减少无效动作**。

增加劳动时间

作为个人来说,创造更多价值的第一个本质方法就是六个字:**增加劳动时间**。

是的,增加劳动时间,就是这么简单。你想多赚钱,就得造出更多的商品,卖出去更多的商品,这都是在消耗劳动时间,所以增加劳动时间就是最本质的方式。

正常情况下,一个直播主播一年 365 天,天天直播,肯定比三天打鱼两天晒网赚得多;一个网约车司机一天跑 12 小时,肯定比跑 6 小时赚得多;老板本人增加工作时间,通常来说就会比不花时间管理公司要获得更多产出。

我注意到，在当今互联网上发布的短视频和各种文章中，但凡提到"996"，或提到鼓励加班等言论，其评论中必然是一片骂声。而当我说"创造更多价值需要增加劳动时间"也一定会有"键盘侠"来怼，但当"键盘侠"显然是最没用的。必须承认，有时候现实确实是挺残酷的，但实际规律本就是如此，暂时难以改变，个人想要创造更多的价值，就需要增加劳动时间。

我们这里所说的"增加劳动时间"是广义的，不仅工作时间内的工作是我们的劳动，持续地学习新工具、学习新思想、持续地在所在的领域深耕研究的过程，本质上也是一种劳动。

因为我们额外学习的很多知识就是为了把工作做得更好，就是为了提升工作能力和工作效率。学习的过程客观来说是会牺牲我们玩游戏、旅游度假，以及睡觉的时间的。

我个人是相信一万小时定律的，我认为在多数专业的事情上投入一万小时的学习和实践就会成为这个领域的专家！现实中很多情况确实如此，一个愿意投入时间学习的人，他往往拥有更强的工作能力，以及更高的薪水。因为他在别人休息的时候，用学习的方式在劳动，因此拥有了更多的知识和技能，所以在工作中，他可以更有效率，能够做到我们接下来所说的"减少无效动作"。

减少无效动作

除了增加劳动时间，个人创造更多价值的第二个本质方法就是：**减少无效动作**。

劳动的过程要更有效率，就应尽可能地减少不必要的环节和行为，这样当然会创造更多的价值！

在过去的血汗工厂中，流水线上的工人在劳作的时候，如果有一点点多余的动作，哪怕只是一个手势，都会被扣钱；工人上厕所都要举手申请，还要一路小跑过去，资本家就怕耽误了工时，从而把"减少无效动作"做到了极致。

当然，我们所说的减少无效动作肯定不是如此狭隘的剥削，而是说我们在做事的过程中，要用对工具，用对方法，摆正态度，坚决不在无意义的事情上做太多消耗。

我见过一些团队，其做一点事情，就要开大会、开小会，各种无效会议、PPT 搞一堆，非常浪费时间。这就是一种无效动作。

我建议公司应尽可能地把各项业务和工作打造成一套标准。比如在我的团队中，会为各项工作制定 SOP（标准作业流程），在本书第四章中会介绍相关的经验和方法，而 SOP 也是为了避免在工作中产生太多无效动作的工作方法。此外，还有很多更科学有效的工作工具、工作方法值得尝试，它们都是可以帮助我们减少无效动作的。

关于无效动作，一部分是工具和方法问题所致的，还有一部分主要是态度及文化所致的。比如现在流行一个词叫"摸鱼"，如果工作的时候总在"摸鱼"，那这当然是多余动作。此外，有的团队和组织中各种各样的内耗非常严重，大家都热衷于互相推诿，也热衷于搞各种无效的形式，且本位主义极其严重，甚至衍生出种种"办公室政治"。造成这样的问题，不仅仅是个人问题，更是组织的管理问题，我们在后文中会细说。

总体来说，个人要创造更多价值，归根结底就两点——增加劳动时间，减少无效动作。

在过去的血汗工厂中，资本家剥削劳动者的剩余价值就用的是这两种方式，大量增加工人的劳动时间，剥削工人的休息时间。但我们在本书里不使用"剥削剩余价值"这个概念，因为事物有消极的一面，也有积极的一面，对于本身就希望创造更多价值的个人来说，给自己合理增加劳动时间，减少无效动作，是创造更多价值的必要方法。并且"剥削剩余价值"是从特定"价值分配"方式的角度去说的，而本节并不涉及这些内容，只说明如何创造更多价值。

个人的"天花板"

个人要创造更多价值,虽然可以通过增加劳动时间、减少无效动作这两种方法来达到,但这却有一个天然不可逾越的"天花板"。

这个"天花板"就是:个人的时间终究是有限的!

个人无论怎样增加劳动时间,无论怎样减少无效动作,人都是要吃饭睡觉休息的。别人一天工作 8 小时,即便你再增加劳动时间,也不可能增加到 24 小时。这是自然规律决定的,无法改变,而这就是个人创造价值的"天花板"。

当然,我们可以通过一些方式让一部分工作过程和工作成果变得可以反复使用,从而间接地复用了我们的劳动时间。比如我写这本书,等书出版后,假设有 10 万名读者读了它,那我与书这部分时间就被复用了 10 万次,不同的人读这本书,我不必再一一重写一遍(我们在第四章会有专门一节讲可复用的相关知识)。当然再怎么可复用,人的"源时间"还是有限的,所以从根本上说,个人创造的价值量是有"天花板"的。

组织能突破个人的"天花板"

要从根本上突破个人创造价值的"天花板",需要人与人之间进行合作,一群人在一起合作就会形成"组织"。

在本书后文中会高频地提到"组织"这个概念,这是本书的核心基础之一,一个创业团队、一家公司、公司内部的一个事业部及小组都是组织,一个合作社是一个组织、一个网络社群或一家慈善机构也是一个组织。

一个组织,理论上可以容纳足够多的成员,这就代表组织是可以吸纳足够多的"劳动时间"的,而这就是个人的"天花板"。所以突破个人创造价值的"天花板"的方式就是构建组织。以组织的形式而非个人的形式去创造价值,其"天花板"就会足够高。

对于普通人来说,要创建一个合法合规的组织,最简单的方式就是创办一家公司,把能够创造价值的人聚拢到公司/组织中,让成员在组织中创造价值,组织就是"天花板"极高的价值创造系统。

当然，一个组织也可能因为经营管理不善而入不敷出，进而破产倒闭。所以我们筹办和管理组织的时候，需要有独特的目标、战略、优秀的成员等诸多要素，本书即做这些底层的剖析与方法分享。

本节我们讲解了个人创造更多价值的本质方法，个人创造价值的"天花板"，以及突破"天花板"的方式。但请记住，如本节开始时介绍的，这里所说的"创造更多的价值"是"增量价值"的组成部分，但它并不是"增量价值"的全部。

何为增量价值，在后文中会讲解。我们先看下一节"良知是基础"，这是增量价值的基础构成。

第五节
良知是基础

前面我们讲了很多,讲了资本、商品、价值等,绕来绕去,这些都绕不过两个字"利益"。司马迁早就说过:

> 天下熙熙,皆为利来;天下攘攘,皆为利往。

诚然,现阶段我们也是要追求利益和价值的,并且我们也切莫低估了人类对于资本增殖、对利益追求的强烈欲望,那是极度赤裸裸且极度现实的。

但是我深知，不管是作为个体，还是一个组织，抑或是国家、社会，如果只把资本增殖作为唯一的诉求，那将是空洞乏味和阴冷的。所以纵使能制造再多的商品，有再多的金钱，有再多的权力，那些也不是这本书书名中所说的"增量价值"。

当下这个世界的运行规则要求我们追求更多价值，追求资本增殖。但在追求的过程中，能不能不要伤害太多人，能不能在这个过程里让更多人因为我们而受益！

马斯洛需求理论说，人有五个层次的需求，从低级需求到高级需要分别为：维持人基本生命的生理需求，免于恐惧与威胁的安全需求，归属与爱的社交需要，被尊重的需求，自我实现的需求。

我们知道，这个世界上还有很多灾难与贫困，数以亿计的人还没有脱离最基本的生存需求与安全需求。

我们在前面就说过，在人类的历史中，在资本增殖的过程中，资本虽有过造福于民的事情，虽然给我们带来过崭新的生产资料和生活资料，但肮脏的掠夺、血腥的压迫、无耻的欺骗，从来没有减少发生。

我在长江商学院学习的时候，有位教授倡导"商业向善"的理念，我非常认可。商业能否帮助更多需要帮助的人，这是必须思考的问题。

自 2020 年以后，我每年都会进行个人捐赠，去做公益慈善活动，在本书第三章中我会讲解个人做慈善的原因。但"商业向善"还不仅仅是有钱的企业家简单粗暴地捐点钱，而是真正将"善举"纳入核心业务的流程中，这一内容我在本书第四章中会用一节专门讲解。

大家现在可以先了解一下。教授举过一个例子，某一家鞋类品牌公司，每卖出一双鞋就会给非洲贫困国家的儿童捐赠一双鞋，这是该公司的核心企业战略之一。

因为消费者了解到这种模式，更愿意买单了，反而让商业模式本身具备了可持续性。我觉得这已经接近本书所说的"增量价值"了。但是要知道，商业这件事情之所以是商业，而不是慈善，它背后是有推动力的，商业的推动力是什么呢？在本书第一节就说了，"资本的增殖需求"就是推动力。那"向善"的推动力该是什么呢？

向善的推动力

"向善"的背后也必然要有强大的推动力，如果没有推动力，任何企业或个人都不可能真正可持续地向善。但这个推动力是什么呢？

是法律吗？显然不是，法律的底线不允许我们做邪恶的事情，但它没办法强制我们要高尚地向善。

是伦理道德和公序良俗吗？道德往往是一种让人向善的力量，但事实上它也是被人构建出来的，是人们在一定经济基础上形成的观念，这个力量在很多时候是微弱的，并且它会为自身的无效性而解释自己。

是一部分人"普度众生"的"自我实现"的要求吗？这确实是一个较强的推动力，正如很多富豪会进行大额慈善捐赠，这本质上会满足他们"自我实现"的内心需求。他们赚了很多钱，捐一些出去，做一些慈善，会让内心舒适与坦荡，也会获得更好的公众形象。虽然在客观上有好的结果，但这本质上还是一种利益交换，一旦利益交换无法满足自我实现感的时候，这样的行为就会停止。

而我们要使用的推动力是什么？我认为是"良知"。唯有良知才是我们得以持续向善的根本推动力。

何为良知？

孟子说：

> 所不虑而知者，其良知也。

王阳明在《传习录》中说：

> 是非之心，不虑而知，不学而能，所谓良知也。良知之在人心。

良知就是我们内心与生俱来本有的东西，是先于人的经验而天然就存在的"知道"。

举些例子来说明良知与法律、道德、自我实现的不同。

假如一位老太太在马路上摔倒了，熙熙攘攘的人群从其身边路过。这时候人们应该去扶老太太吗？

从法律的角度来说，只要不是你造成老人摔倒的，法律是不会强制要求你去扶她的，你不扶她，法律不会制裁你。正如你是做生意的，只要你不违法，那即便你家财万贯，而你的邻居快要饿死了，你对他视而不见，毫无怜悯，法律也不会管。

而从道德的角度来说，是应该扶老人的。但当各种社会新闻和案例曝出诸如"某某年轻人扶了某位摔倒的老人后，被老人讹诈。"就没人敢扶了。这类事会改变人的观念，原本不扶老人代表没道德，而现在不扶也有了合理性，不能说绝对违反道德。这就是为什么我们说道德的本质是"经济基础所建构起来的观念",道德也会为自身的无效性而解释自己。

那自我实现呢?自我实现的人看到路上摔倒的老人,去扶了,但他的初衷是为了拿到一个"见义勇为奖",或是为了得到路上其他人的赞美。这本质上又陷入利益交换,虽然客观上它得到了一个好的结果,但如果没有人看到,没有"见义勇为奖",那扶老人这样的行为可能就没法持续了。

而"良知"是什么?良知就是,当在路上看到一位摔倒的老人,不去扶他,我们的心会不安!

本有能力救一把,却自顾自地回家了,自己想想,会坐立不安,在内心谴责自己。这种油然而生的不安,不是任何外部的要求,而是自己本有的,真实的良知,就是人性的本真。

当我们拥有了较多的物质财富、吃喝不愁的时候,看到邻居或远方的人还生活在贫困与灾难中,内心会不安吗?可能有人会说,我无感。是的,人的良知有差异,总有人看到路上摔倒的老人不去扶,其内心也毫无波澜。

但人多少都是有一些良知的。我也不太确定"良知"是否能培养,但我相信它是能被唤起的。我们也并不奢求要培养或改变别人的良知,只求在创业做事的过程中能筛选到有良知的人同行。

良知能让我们正确

良知是我们本有的东西。

在社会中,做很多决定和决策的时候,往往需要做很多考虑和考量,这个思考大多数时候是必要的。

如果一些复杂的事物、决策,也许符合理性、符合利弊,却不符合良知,这时我劝大家按良知告诉你的方式去做决策。

良知告诉你的答案,可能不符合你眼下的利益,但是拉长时间线去看,它是最正确的。你算来算去的东西,不一定比本就知道的东西正确,正如孟子所说:

> 所不虑而知者,其良知也。

所以我们要知道,良知是做善事的推动力,它不仅会让我们因为一些事情感到"心不安",遵循着它你还会发现其在判断事情的结果时最终都会彰显出正确性!

乔布斯说 stay foolish,我对 stay foolish 的理解就是,要坚信人最本真的东西。很多决策当听信良知的时候,在外人看来是愚蠢的决定,但他们不懂,经过时间验证后,决策常常是那么正确!体会过的人会知道。

第六节
创造增量价值

增量价值的误区

在本章"创造更多的价值"一节中,我曾特别说明过"创造更多价值"并不等于"创造增量价值"!我反复进行这个声明是因为如果这个问题不讲清楚,增量价值的概念是没法真正表达透彻的。

回顾一下个人创造更多价值的方法是什么?是增加劳动时间和减少多余动作。此外,突破个人创造价值的"天花板"的方式是构建组织,以组织的形式去创造价值。

这些方法确实能多创造出价值，并且也绝对是必要的！**但这些多创造出来的价值，必然是"增量"吗？**不一定，这些所谓"更多价值"只是某个局部数量的增加，而不代表是真正意义上全面的"增量"。

例如，一个网约车司机，假设他工作 6 小时能赚 300 元，而工作 12 小时能赚 600 元。他增加了一倍的劳动时间后便多赚了一倍的钱，他所在的公司也多了营收。但这多赚的钱其实是随着有效劳动时间的增加而必然就会存在的市场价。

就好比，一辆车加满油能跑 300 公里，你加了两趟油便跑了 600 公里，600 公里看似比 300 公里多，但实际上，只要有足够多的油，汽车本身就能实现这个效果，而不是真正意义上的增量。如果一辆车原本加一次油能跑 300 公里，因为做了一些改造创新，现在加一次油就可以跑 600 公里，这种情况才是真正的增量！

此外，从对社会价值的角度看，也决定了创造更多价值并不等于增量价值。

还以网约车司机为例。一个网约车司机正常劳动，获得正常收入，请问他对社会有价值吗？有人说，当然有价值，他风里来雨里去地接人，为别人提供出行服务就是他的价值，并且他获得收入后供子女读书、赡养父母，这都是他的社会价值。

我完全同意，这些都是价值。但这些都不是增量价值！因为这些都是其本身作为网约车司机这个角色理应就该具备的。

作为一个网约车司机，虽然工作非常辛苦，但其本职工作就是为客人开车以换取酬劳，如果不做这份工作，那压根儿就谈不上是网约车司机。同时他作为子女和父母，无论从法律、道德、良知等角度，也都应该尽到自己的责任和义务。

但如果说，一个网约车司机或者网约车公司，其不仅仅提供商业化的网约车服务，还通过自身的能力和资源以某种制度或模式来保证自己或每个司机如果在出车途中看到摔倒的老人，且在实际条件允许的情况下，必须去搀扶并优先送医，如果是这样，这就是对社会实质的增量价值！

当然，这里我只是举一些例子方便大家理解，不代表具有实际的可行性。其实在实际生活中，能够如此为社会主动做出增量贡献的司机、外卖小哥等有很多，正如前一节所说，他们是有良知的人！

那些原有的、已有的、原本就该有的价值，并非真正的增量价值。我们要避免将增量价值理解为只是局部的、片面的数量增加和资本增殖，虽然有的局部数量增加也有其必要性，但并非核心思想。

三位一体的增量

增量价值的核心是全面整体的"增量",而非存量的挪移和"内卷"。

这里的"全面整体"是指"个人、组织、社会"三方面作为三位一体的整体,增量价值具有三位一体性,即**真正的增量价值必须是对个人、组织和社会三方面整体的价值增量**。也只有这三方面真正全力协同,才可能可持续地创造价值!

比如 2019 年,课外辅导行业整体崩塌。这个行业盛行的时候,很多家长都会给孩子报名各种培训班,这个行业中的公司自然能获得很多钱,在它们有更强的盈利能力的时候,该行业从业者的收入多少也会有些提高,从业者可能并未增加劳动时间,就获得了更多收入。这样看上去组织和个人都有了增量价值,但其实他们所做的事情,在社会层面却造成了严重的"内卷"!

有些家长为了让孩子考上好学校,所以给孩子报课外班;而有些家长不想让自己的孩子落后也不得不报。而升学的教育资源是固定有限的,所以最后的结果是,孩子原本该上什么水平的学校还是上什么水平的学校,但家长却要支付更多的成本,孩子也要丧失更多的幸福感。并且该行业的从业者,看似从这个行业获得了更多价值,但其实他为了自己的孩子也与其他家长一样,也会在其中支付成本。结果只有机构的老板最风光,当然,行业崩塌后老板就不再风光了。

所以说部分的增量,可能会造成整体的"内卷",因为从整体上看它的本质依然是存量的挪移。

更重要的是,从长期主义的角度看,不是你想不想全面创造增量价值的问题,而是如果不去追求全面的增量价值,事实上个人是不会有持续增量的!组织也不会有持续的增量!

所以我在序言中说,我们要做真长期主义者。真长期主义者知道要创造增量价值,有增量才能长期存活,否则早晚都会崩塌……教培行业崩塌了,看似是政策因素,其实是必然,只是政策加剧了其灭亡速度而已。

增量价值,并不鼓励个人主义。因为个人、组织、社会三方面是相互联系、相互影响的。

个人如果只考虑小我的增量,却不考虑自己所在组织和社会的增量,那个人的增量价值其实是无法真正实现的,你以为有实现,其实那是不可持续的。所以我们强调,在创造增量价值的过程中,个人需要创造更多的价值量。该科学合理增加劳动时间的时候,还是要增加。

同理，组织如果只考虑组织的更多价值，而不考虑组织成员和社会的更多价值，那也是不可持续的，这些在后文中会细说。

总之，我们要牢记，真正意义上的增量价值必须对组织成员、组织本身及社会三位一体地创造更多价值。

不是三位一体的增量价值，不是真正的增量价值。

我们做事情的总目标需要符合这个模型。增量必须是三位一体的增量，必须同时兼顾个人价值、组织价值、社会价值三方面。

第七节
理解增量价值

本书第一章正式结束,这一章所讲的原理都是为了引出增量价值的本质,希望大家真正理解本章所介绍的增量价值。

增量是面向未来的必选项!仅仅为了狭隘的资本增殖而唯利是图的人未来是没有多少机会的。当然,若只是空有一番热忱,没有对现实的理解,没有实际的自我要求,没有实际成体系的目标、战略、方法、路径,那增量价值也无法实现,后面几章我将围绕如何创造增量价值的这个问题继续讲解。此外,创造增量价值不仅仅是一个人的事情,增量价值三位一体的性质决定了我们需要在组织中更好地协同合作与管理,这也是本书后文会重点讲述的内容。

在本章最后，我还需要和大家提到的是，增量价值也并非最终的解药，因为增量价值还需要依赖资本增殖的一些规则，而这会有很多弊端。很多社会问题本质上都是因为资本增殖的规则和规律造成的，而增量价值只是现阶段我们对资本增殖的现实的一种妥协方案。真正的长期主义者是可以为了长期的信念做出短期的妥协的。如果不做这个妥协，我们将毫无力量。这种妥协能解决一部分问题，但也并没有从根本上解决一些复杂的问题，这个我们暂时就不展开讨论了。

但一定要记住，任何时候都要有良知为我们保驾护航，良知优先！良知不仅仅是向善的推动力，也是能让我们持续正确的基础！

第二章　视角

- ➢ 认识自己与认识他人
- ➢ 人有天性上的差异
- ➢ 人有后天视角的盲区
- ➢ 两个重要问题
- ➢ 优秀的同行者
- ➢ 建构优秀的组织
- ➢ 人设和行动
- ➢ 自己的宿命

第一节
认识自己与认识他人

悟性有高低

悟性跟智力可不是一回事儿。人与人之间，智力的差距其实没多大，而悟性的差距却是咫尺天涯。

悟性究竟是什么？我们不必总是去定义一个本身很宏大且广义的词语。但我知道，自我认识程度更深的人悟性更高，而终其一生对自己都不太熟悉，陷入各种苦恼与纠结中的人，或总是掉入同一个"坑"的人，悟性总归不会太高。

在古希腊德尔斐的阿波罗神庙中刻着一句被广为传颂的箴言,叫"认识你自己",可见古人就非常关注这个问题。而现在的人们也常说,要有"自我认知",其实我认为不存在有没有自我认知,也不存在认不认识自己,只存在自我认知度深浅的问题。

我们要做的是,持续深化对自己的认识,这样也能更好地认识他人。在创造增量价值的过程中,必须更深刻地认识自己,同时也要更深刻地认识其他一些人,尤其是对我们来说很重要的人,比如我们在本书第三章第二节"生命中的几种人"中提到的一些人。

如何更深刻地认识自己以及认识他人,我认为最主要的是要关注并认识到自己及他人更多的**关键属性**,以及其**所处的环境和阶段**。

人的外在属性

每个人都有很多属性,我将这些属性总体分为**物质和生理层面的属性**,以及**精神和能力层面的属性**。

为了行文方便,我把物质和生理层面的属性称为**外在属性**,把精神和能力层面的属性称为**内在属性**。这里的"内"和"外"只是一个相对的概念,并不是说外在属性就全部是开放和易于表现出来的,内在属性就全部是封闭的。

每个人都有外在属性，其通常是人在物质与生理层面的特征。比如容貌、性别、身高、体重等常用的属性，再如他开什么车、住多大的房子、年收入，也属于这个范畴。为方便理解，我们画一张表。

人的部分外在属性示例表						
姓名	性别	身高	体重	年收入	几套房	座驾
张三	女	1.65m	55kg	20万元	0	电动车
王老五	男	1.78m	66kg	300万元	5	劳斯莱斯

这几个常用属性是很实用的。为什么说这几个属性是常用和实用的呢？很好理解，因为我们在生活和工作中非常高频地在使用这些属性。

比如"性别"属性，当我们在入学、找工作，甚至注册网站用户的时候，常常需要填写这一属性。并且性别也是我们判断和分辨他人的一个常用属性。再如我们的整体容貌，也是最常用的属性，人都自带"人脸识别"功能，我们每天都在基于容貌去分辨谁是谁，别人也会根据容貌来辨认我们。

性别和容貌等都是人可以轻易辨认的外在属性。但并不是所有的外在属性都是能一眼扫描出结果的，比如人的体重就很难一眼看出具体数值，需要经过称重才行。但体重这个属性是一个常用属性，常常会使用到，比如我们要减肥的时候，就需要跟踪记录自己的体重数值的变化。

但人又有很多既不太容易测量，又不太会经常用到的属性。

比如我问你，你有多少根头发，你知道吗？我想除非是秃头，否则谁也不知道自己具体头发数量的数值。为什么不知道，因为没有去测算过，这个外在属性测算起来比较麻烦，且算出来也没什么用处，它显然不是一个常用和实用的属性，所以没人会去研究自己有多少根头发。

但也有一些属性，虽然不常用，我们也从来没有关注过，但不代表它不实用，相反这些属性中的一些是有巨大作用的。

比如当我们去体检的时候，哪怕只是检查一下血常规都会产生一堆医学指标。这些都是人的生理属性，一般如果体检没问题，大多数属性我们可能都完全没听过，更没关注过。但这些属性是有巨大用处的，它们能反映人的诸多身体状况。

所以不要以为自己有多了解自己，仅就外在属性而言，我们能轻易看到的也仅仅是那些最具表象的特征，稍微深层一些的都没法轻易了解。而对于绝大多数外在属性，我们对它们都是非常陌生甚至一无所知的，就更不用说内在的精神与能力层面的属性了。

人的内在属性

所谓人的内在属性，就是人在精神、能力层面的特点，它通常不是以物理形式呈现或加以区别的。比如一个人的性格、喜好、在某个领域的学识水平、某种技能的掌握程度等，都属于这个范畴。

前面说过，人的性别、容貌等属于常用的外在属性，同样，在人的内在属性中也一样有一些是常用并易于辨认的。比如有时候我们会觉得一个人脾气急躁或平和，性格张扬或沉稳，或泼辣或不善言辞。这些都是比较容易辨认和判断的，都是"常用"的内在属性。

而人更深层次的内在属性，其实也如同体检结果上的医学指标，很难简单地看到和看懂。大多数的内在属性，我们不仅仅是不认识，甚至都不知道它的存在。对他人的认识及对自我的认识皆是如此。

而这个认识过程是一个长期的、持续深入的过程。对自己各个属性的认识尤其如此，自我认识的过程是一个终其一生都永无止境的过程。

所处的阶段

在自我认识及认识他人的过程中，除了认识到对象的一些内在和外在属性，还需要认识到其所处的阶段。

人所处的阶段决定了他所在的环境。而人在不同的阶段和环境中表现出来的各种属性是有显著差异的。

如果不能理解清楚对象所处的阶段,那就势必会对对象的属性认识有偏差,也无法预判对象在不同阶段中所表现出来的不同属性。

所说的阶段,可分为两个层面。简单地说,第一个层面是每个人都处在其自身的某个人生阶段中。在不同的人生阶段中,其属性会有差异。

比如人们常说"莫欺少年穷",某个少年眼下贫寒,但只是因为身处在人生的这个阶段中,有些属性还没有彰显出来,要用发展的眼光去看待,当少年未来到达另一个阶段的时候可能会辉煌腾达。

第二个层面是指,每个人除了处在人生的特定阶段,还会处在某些特定事物的特定阶段之中。

世界上几乎所有的事物都有"生命周期",作为这件事情的参与者,我们必然处在其中的某一个阶段。

比如,大学毕业后,我们刚入职到一家工作单位,这时候,我们所处的阶段就是试用期的阶段。当在这里工作了五年、十年后,那我们自然就是一个老员工了。

在试用期阶段和成为老员工的时候,不同的阶段,表现出来的诸多内在和外在属性均是不同的。在自我认识与对他人的认识中,要能看到对象处在哪个阶段。

只有认清了对象所处的环境和所在的阶段,我们才能够更加理解自己、理解他人,才会有真正深入认识的基础。

认识的难度

如前文所说,认识自己和认识他人都是要靠悟性的,因为这事真的很有难度。

在日常生活中碰到的很多人,我们对其并不一定需要有太充分的认识,可能只需要通过他的外在属性辨认出他是谁就行了。

但对于另一些人,比如创业伙伴、合作者、对手、喜欢的人、亲人等,我们对其的认识就会更复杂一些,不仅仅用于人脸识别,还常常为了判断如何与之相处,如何与之合作,如何获得其认可,如何获得对方的好感,如何与其一起创造价值。

而这些目的就决定了,我们需要深入了解其内外的多种复杂的、不同维度的属性。

前面说过,人的很多内在属性常常是随着环境和阶段不同而隐藏或变化的,仅此就大大增加了判断和认识的难度。此外,还有其他多种原因会导致认识的难度增大。

比如你具备一个属性,其名称叫×,这个×对应的值是1。但在某些特定环境或阶段下,却看不出来是1,甚至表现出的是2,或是其他,总之就是看不出来是1。你自己也不知道你的×是1,别人也不知道,反正在这个属性上,没有人真正认识你。

而现在有一件与你相关的事情S,你自己或者他人需要对S做一些决策。而对S这件事情做决策,需要凭借你的×属性,也就是说，你的×属性不一样，应当做的决策是不一样的，而这时候因为对你×属性的认识不对，所以对 S 做的决策肯定就会有问题。

这在现实中是会时常发生的，对人的属性的判断不准确，常常是因为没有考虑到对象所处的环境和阶段，当然也有其他各种原因所致，从而把×的属性由 1 认成 2。

但在现实的人生中，远比这个模型更困难，也更可叹。大多数时候，我们并不是简单地对×这个属性的值缺乏正确认识，而是我们压根就不知道当要对 S 这件事情做决策、做判断的时候，是需要顾及×这个属性的。我们甚至压根不知道，也没想过这个世界上是有×这个属性存在的。更可叹的是，我们甚至连 S 这件事情本身都没有想到过，没想到这是一件事情。

上述几段文字比较拗口，有的朋友读到这一节可能并不能真正透彻理解我说的这番话。但人生真是如此，挺可叹的。

人生有的时候就像生病。有一部分人有症状去检查，但检查结果意外出了错，因此开错了药。有的人压根不知道这个症状应该去哪里看，应当检查什么。还有的人压根就不知道这个症状是一种病，得治。好在有的病没治对，但自己也自愈了。而有的病呢，让人感觉挺难受，总感觉哪儿不舒服，但也不致命。还有的病，看不对就真是要人命了。

大千世界，这一切又哪里有什么标准的模板呢，实际的模型更为复杂，没人会教我们，这需要理性，更需要悟性。

认识自己的过程本就是无止境的。

第二节
人有天性上的差异

有差异是常态

俗话说：人各有命。很多人都算过命，我翻看过一些五行八字的命理学古书，但实话实说，我看不懂，所以我无权对八字算命这类事情指指点点。

但我信命吗？可以明确地说，我认为人是有"命运"之说的。但我对"命"的理解不同于封建迷信。**我认为命就是那些**

你无法自我决定的内在初始属性,以及你在初始时候所处的外部环境。

人出生的时候,其基因特性、身体特点、部分性格脾性的差异就已经形成。上一节我们就说了人的属性,有的属性是会持续变化的,但一些与生俱来的属性却是终其一生很难改变的。

人出生时的外部环境,如家庭条件、时代背景、所在城市、父母素质,确实有所差异。这些都是生来已定的事情,这就是我说的"命",但这也是何等正常和客观的一件事情。

这种内在的初始属性和环境确实会影响一部分人未来的人生走向,但究竟是如何影响、如何作用的,没人能说得清楚。

所以我们一方面要确信,人和人与生俱来就有着难以改变的差异,并且这些差异可能是巨大的!如果一个人始终不承认自己与他人是有差异的,只能说明其涉世不深。

另外一方面,我绝不承认命有"高低贵贱"之分,至少我绝无资格对旁人与生俱来的属性差异做任何评判。

譬如我绝不会承认一个生在大富大贵家庭的人就必然是"好命",他的家庭可能会影响他的人生走向,但以怎样的形式发生作用,是好是坏,没人能说清楚。

我也绝不会承认一个先天残疾的人就必然是"苦命"。这只能证明他的初始属性与他人有显著差异,但他完全可能身残志坚，有他独特的视角洞察世间之美，他对爱与梦想或许有更真切和独特的感知。我们凭什么断言他命差？！

每一个人都是独一无二的个体，每个人命运的版本本来就不一样，其包含了我们的整体性格、外貌、天赋等。如果非要对这些天性上的差异做一个好坏评价的话，只能说，你有你好的地方，我有我好的地方，各有各的好，也各有各的缺陷。他人如此，我们自身也一样。

作为增量价值的创造者，我们必须非常平和与坦然地理解，人和人有差异是一件非常正常的事情！需要自我强化这个意识，这对我们今后在妥善做事情、合理做决策方面发挥着极大的重要性。

改变的成本极大

很多人常常喜欢把自己的意志强加给别人，试图改变别人一些与生俱来的属性，抑或试图把别人天性上的特点强加给自己。

最终痛苦的都是自己，你强加给别人的意志大多数时候是得不到如你所愿的结果的，最终只能是痛苦挣扎或艰难维持！

比如现在很多家长喜欢"鸡娃",要求孩子拼命学这学那,一定要"赢在起跑线"。但若孩子就是学不好,无法如其所愿,孩子很痛苦,自己也会非常焦虑和失望。

有时候对自己也一样,我们常常把别人的特性与天赋强加给自己。

班级里有一个大学霸,每次考试都是第一名,而自己的成绩平平,内心也希望能像他一样。于是你模仿他的样子更加努力刻苦,但成绩虽有进步却终不如愿。你没有因为自己已经超过了原来的自己而感到欣慰,反倒非常痛苦且不能理解。

这样是不对的。我们不是否定人的努力,努力是绝对必要的。但还要理解,我们在某些事情上再怎样努力刻苦也赶不上一些人,这是一个人生的常态。没必要因此痛苦,我们会在另一些方面比对方强大或有天赋。

在工作中,我们也常常喜欢大费周章地去改变别人,尤其对于创业者来说常犯这样的毛病,总喜欢说教或说服别人,总以为别人理应完全按照自己的意志行事,总以为自己代表正确,试图改变别人,其实多半是徒劳的。

我们会发现,被改变的人,他表面上可能已被说服,但真正有事情发生时,他依然完完全全还是原来的样子。

与差异共存

那照这样说,我们的人生完全无法改变,岂不是非常消极?事实上,我所说的"无法改变"是一些与生俱来、根深蒂固的属性,改变起来成本巨大,并且需要经历痛苦。

所以大多数时候,并不是所有的东西都需要去改变,首要的方案应当是学会与差异共存!与差异共存,是创造增量价值的重要思想。不能做到这样,就会在很多事情上产生巨大的零和消耗,是无法实际创造增量价值的。

而与差异共存自然就需要包容,包容自己、包容他人!尤其对于我们的伙伴、我们的合作者,我们更应该**主动包容**。

主动包容并不是无条件的纵容,而是真正理解对方暂时性的视角盲区,顾及对方所处的环境及阶段、照顾对方的性格特点等。

而"主动"很重要,你需要包容的人,他可能没有读过你正在读的这本书,所以他并不知道他需要主动包容你,而如果你主动,你不要觉得吃亏,大家都是合作者,成果最重要,你主动,你就比他站得高,长此以往,你做人的功夫就会彰显出来!

此外，我们还需要主动求同存异。没有人完全与我们一致，但大家能走到一起，总会有一些共同的、一致的东西。我们要抽出那些具有普遍性的东西，在一致的事情和因素上合作，在共同的目标上合作。

譬如本书的读者必然是具有各种属性的人，但必然有真正认可"增量价值"这一目标的人，这就是我们的一致性。在这个一致性上，我与一些读者，或者读者之间是能够成为合作者的。

当然，世界上有那么多人，如果与我们的差异实在过大，或者在一些不可妥协的事情上总达不成一致，那也需要接受这个事实，人和人是可以如平行线般永不相交的，这都很正常，平和看待。

第三节
人有后天视角的盲区

人皆有盲区

很多朋友都听过一句话"人最可怕的认知局限不是不知道某个事物,而是不知道自己不知道"。人都是有盲区的。这种盲区表现出来就不仅是不知道自己不知道,甚至还有不知道自己知道。

我们在上一节说过,人和人有天性上的差异,这种差异改变起来难度很大。但很多时候,似乎又感觉我们确实改变过一些人，或者被一些人和事改变过，并且这些改变并没有让我们感到那么痛苦。

譬如有时我们会因为读了一本书，或听了一场演讲，就被其中内容所触动，它让我们拥有了对一些事情的积极情感，我们会因此而产生改变。

这样的情况时常存在，但多数时候这种现象并不是因为书或演讲本身强行改变了我们，它们只是唤起了我们内心本就拥有的"认同"。我们心中本就对一些东西有所认同，或具备一些属性，只是之前没有人跟我们提及过，我们不知道其存在，而当看到的时候，自然会被唤醒！

其实人除了与生俱来的差异，**还有后天形成的看待事物的视角上的差异**。这些后天的视角往往来源于我们接受的教育、传统观念、过往经验，以及初始的外在环境等。人有后天视角上的差异也很正常。但当我们总在一种视角下看问题的时候，就势必会造成盲区，容易形成惯性思维和教条主义。

看待外部事物，以及看待他人时会有盲区，看待自己也同样会有盲区。比如，我们在天性上可能是具备一些属性和能力的，但因为后天视角的盲区，一些本有的东西被蒙蔽了，我们并不知道自己具备某个属性，包括自己内心的善良以及自己的诸多能力和天赋。因为被蒙蔽，所以看不到，这就是我们所说的**"不知道自己知道"**。

反之，我们在天性上本就对一些事情认识不足。往往是看到别人怎么做，总觉得自己也该这样做，过于教条主义和惯性思维，这就是**不知道自己不知道、不知道自己不具备**。

孩子的文化课成绩不理想，父母怎么"折腾"也不起作用，后来父母发现孩子非常热爱音乐，并展露出独特的天赋，于是在这方面进行培养，最终将孩子培养成了大艺术家。父母其实从来没有改变过这个孩子，只是扭转了盲区，看到了孩子本有的天赋，并将之拨云见日彰显出来！

追求拨云见日

我们在上一节说过，在创造增量价值的过程中，对于我们的伙伴，在面临各种差异的时候，我们要学会主动包容和求同存异，这是创造增量价值避免零和博弈的基础。

但很多时候，我们也需要推动我们的想法，需要让他人认可我们的路线和方法，需要说服别人做出一些改变等。

人会因认同而轻易改变，却难以被强加的意志所改变。当和他人有一些关键差异的时候，我们要判断这种差异的来源到底是因为一些与生俱来、根深蒂固的认知差异所致，还是仅仅是后天的视角不同。大多数时候难以判断，通常默认是后者。

这时候应该使用"拨云见日"的方式，唤起对方心中的"认同"，帮助其看到自己的盲区，找到其内心本有的东西，而不是粗暴地将自己的意志强加于他，也不是自以为是地对对方"洗脑"。

当然如果确实被验证出并不是简单的视角不同，而是一些根深蒂固的差异，那如上一节所说的该包容的应当包容、该求同存异的求同存异、该散伙的也只能散伙。

如何拨云见日

如何对自己或让他人拨云见日，看到视角的盲区呢？我认为有两种方法，一种是依靠外部，一种是依靠自己！

所谓依靠外部拨云见日，是指要通过外部新的知识、理念，新的实践经验、新的表率，来拨云见日。

很多我们原来没有看到、没有想到的角度，当读了一本书或听了某个人的拆解和总结后，我们便是借助外部知识、理念和别人总结的规律来拆除了某个盲区。

此外，日常工作与生活中新的实践必然能开拓新的视野，一些他人的实际行动也会给我们做出表率。我们因此会获得新的经验与正确的方法。这些都是依靠外部因素来拨云见日的。

还有，如王阳明所说：

> 圣人之道，吾性自足，不假外求。

这句话是什么意思呢？从字面上理解，其意思是：人其实只依靠自己已有的认知就可以对很多事情做出正确判断。

其实每个人在过往的成长经历中，因为进行了各种各样的学习和实践，具备了一定的知识量和经验，并且每个人都有他的文化母体，文化母体也给了他很多知识和观念，但是人常常没有真正去使用这些知识和经验。

所以很多时候，我们应静下心来扪心自问，抛掉情绪，抛掉外界的干扰，多环顾四周，不要只局限于一隅的时候，自己就能找到最优策略，很多盲区白会被拆除而拨云见日！

多学习、多实践、多冷静客观地思考。

第四节
两个重要问题

我在序言中明确说过,这本书中的所有内容并非适用于所有人。对有些朋友是整体适用,对有的朋友是适用一部分,对有的朋友还可能完全不适用,抑或是不被认可,这都很正常。

在上一节中我们说过,人有一些盲区要通过冷静思考、扪心自问的"向内而求"方式来拨云见日,我们在本节中则需要通过这一方法来解答两个非常重要的问题。

解答了本节的一些问题之后，会让我们了解到这本书中哪些部分的内容是适合自己的，哪些是不适合自己的。前文也说过，本书也可能对一些朋友完全不适合，那也可以通过学习本节的内容，做出是否停止阅读的决定。

当然这不是最重要的，最重要的是，我希望通过本节讨论的一些问题，让大多数朋友能够更真实全面地认识到自己的一些情况，从而更好地实现人生价值和目标。

要做多大的事

《大学》中有一段著名的话：

> 大学之道，在明明德，在亲民，在止于至善。知止而后有定；定而后能静；静而后能安；安而后能虑；虑而后能得。物有本末，事有终始。知所先后，则近道矣。

我大致翻译一下这段文言文：

一个成熟的人，他做人的宗旨在于要弘扬光明正大的品德；在于了解与亲近人民大众，并于实践中成长；在于最终追求一个最善良的结果！人要以终为始才能坚定做事情的过程；人只有坚定才能够心安；只有心安才不至于终日焦虑惶恐；只有在这样的状态下才能冷静周全地思考；思虑周详才能够最终有所收获。每件事物都有根本有始末，每件事情都有开始有终结。以终为始又不忘初心，就接近事物发展的规律了。

这段话是中华民族的先贤对于"大人"的要求，**所谓"大人"，我的理解就是那些对自己要求较高，希望成就大事业的人。**

在这个社会中，自然有人成就大事业、有人做中等事、有人则是做小事情。我认为无论是做大事、中等事还是小事，只要不违背良知，都没有对错之分，也绝不存在鄙视链。

人一生能把小事做好，本本分分、平平安安，虽然平凡但也珍贵，那是美好且幸福的。而做中等事情也不错，会面临一定挑战，敢于突破，但会有更丰厚的回报，且风险适中可控，也不枉此生。而立志做大事业，当然更好，有魄力、有担当、有使命，风险与回报在很大程度上成正比。

愿做多大的事，这是人生的选择，在人生的各种选择背后，都有相应的得失取舍。选择做大事会有得有失，要有选择做大事的宿命。选择做小事也会有得有失，这是选择平凡的宿命。

现在大家根据前文所说的"扪心自问"的方式，问自己一个问题：

> 我们的人生，到底是做件小事就行，还是做中等事，还是要干一番大事？

仔细想想，你到底想要干多大的事，到底愿不愿意为之做出努力和取舍，扪心自问后坦诚地告诉自己你内心的答案吧。回答要干脆利落，不用回答"如果怎样就怎样"，没有那么多如果。此外重申，不管你的回答是什么，也绝对没有对错之分。

我为什么要让大家扪心自问这个问题，因为真正想明白这个问题，会让我们减少很多纠结与疑惑。大事、中等事、小事，这是一个非常模糊且不精确的表述，但我们就是要以"大中小"这样的简化形式来直观呈现。

如果你的答案是，安稳做小事，那今后就要注意，压根不用对很多事情太较真儿。把该做的本职工作按部就班做好，然后该早点下班就早点下班，多研究研究如何生活得更舒服、更轻松，少纠结那些不接地气的大问题。这本书里说的增量价值，以及后面会讲的诸多自我要求、组织管理等内容，都不是那么重要，不用在这些方面较真儿，更不用因此迷茫。

有的朋友选择要做中等事，这在工作中就得承担更多责任，付出更多时间，需要学习业务知识，对事情有一定的钻研，对本书中的大多数内容得看、得理解，但整体上也不必过于严苛自己。

如果能认识到，我们的人生就是要干事业、做大事情的，那也不用纠结，不要幻想着能够脚踩两只船。而就应当"苦其心志、劳其筋骨、饿其体肤"；就应当"明明德，止于至善"；就应当承担更多责任，承担更多风险，承担更大的挑战！这是你自己的选择，没什么好纠结的。

人生中的很多关键问题，一定要真切地问清楚自己，要什么、不要什么，回答得利落一些，不要犹犹豫豫。问清楚自己，该放过自己的放过自己，不该放过自己的，就应该"死磕"，反而会舒坦很多！

我也常常让我的团队的小伙伴扪心自问这个问题，我希望伙伴们都能坦诚地告诉自己，也告诉我这个问题的答案。大家一起合作做事情，坦诚回答清楚这个问题，对大家都有好处。

如果你说你想做大事，那我心里就有数了。大家一起努力、一起吃苦，相互在对方身上投入更多时间和精力，未来该有收获的，会有收获，但眼下该吃苦的，也不要抱怨、不要觉得委屈。

如果你说只想做中等事，那我心里也有数了，就按做中等事的标准彼此相待。如果你想做小事，那我们团队中也非常需要甘愿把小事踏实做好的人，咱们依然可以很好地合作，你做完该做的工作，早点下班，大家都和谐舒服，非常好！只是收获的时候，你的回报肯定也会少一些，希望你也不要抱怨。

在创造增量价值的过程中，做大事、中等事、小事的人，我们都需要。但关于这个问题，我要告诉大家，我个人的答案是：**我希望我能干大事！**

当然我也只是"想"干大事而已，不代表我已经做成了大事。当大家阅读了本书后面的"从小事情到大系统"一节后会明白，所谓的大事情是由小事情所组成的大系统。

正因如此，本书是站在"做大系统"的角度去写的，这本书对不同读者的使用度可能有差异，择其对自己有用的内容吸收即可。

我们在哪儿

我非常喜欢一句英文：

> We are where we are!
> （我们只在我们所在的地方！）

我们也只在我们所在的地方。一个人的发展也好，一家企业的发展也好，它既在公转又在自转。它是一场漫长的马拉松，我们必然在这个大进程中的某个位置上。同时它又如春夏秋冬一般，很多事物会周而复始地出现和发生，而我们又处在这些周期的特定阶段之中。

我们总会经历力量的积蓄，从弱小走向成熟，从成熟走向强大。在这个过程中又会有飞龙在天的时刻，但说不准也会有得意忘形走下坡路的阶段，甚至还有可能从万丈高楼瞬间摔落的瞬间。

而我们在哪儿，在整个进程的什么位置、在某个周期的何种阶段，我们需要知道！

这个问题,如果去问别人,估计没人能回答。只能常常问自己,此时此刻我在什么位置,在何种阶段,几斤几两,还有啥牌可以出,还有几颗子弹可以打。

与大家分享一下,我本人现在处在什么位置。

前几年我非常顺利,但我判断这几年我到了一个"积蓄力量"的阶段,此刻并非处于一帆风顺的阶段。自身的资源、条件和能力遇到很多瓶颈,很多关键的事情还没有突破。但整体上是稳定的,短期没有较大风险,毕竟在过往的人生经历中积累了较充分的"弹药"和各种经验教训。

但在这个时间点不宜过于激进,此时我应该平静下来写点东西,认真思考,整理思想,积蓄力量,为下一步的行动打好基础。所以本书也不可避免地会从我的角度出发去观察事物,审视当下的大环境。

第五节
优秀的同行者

最好的办公环境

与优秀的人同行是何等重要啊!每个人的人生追求可以不同,但每个人都应该对自己有一定的要求。而一个优秀的人,势必会对自己的要求较高,一定是希望能持续突破自身的盲区的,是希望创造价值的!

如果你是一个优秀的人,却被置身于一个"不优秀"的环境中,这对于你来说是非常不公平的。在这样的环境中,会面临两种可能的情况，一种情况是，你始终与周遭的人格格不入，且没有办法感染这个群体，你终将被"劣币"驱逐出这个群体。

另一种情况则是，你也开始学习他们的模样和作风，被他们同化，但那是压抑和麻木的，那不是你的天性。

创造增量价值的本质定义要求我们不能单打独斗，必然要与同行者合作。**因而我们必须尽一切努力去与优秀的人为伍，与优秀的人同行！**只有当优秀的人抱团在一起，才能良币驱逐劣币，才能创造最大化的增量价值。

一个好的工作环境，从来不是有豪华的办公室，不是有吃不完的办公室零食，而是一群才华横溢的人在一起做可以让人成长的事，相互学习、相互激励、相互赋能。

"优秀个体"的画像

"优秀"是一个很笼统的形容词，每个人都可以对"优秀"有自己的定义。有的人觉得颜值高就是优秀，有的人认为学历高就是优秀，有的人觉得有钱有社会权力就是优秀，各有各的道理。

而我对于"优秀的人"的标准概括如下。

勤奋、理性、善良。

勤奋、理性、善良的人就是我眼中优秀的人。

这三个词语,是我对所有我亲眼见过或深度了解过的我心目中优秀的人的共同特点的提炼。他们每一个人都兼具勤奋、理性、善良这三个优点!

优秀的人,是成为增量价值创造者的核心要素!我坚定地相信与勤奋、理性、善良的人合作,相互赋能,并一起系统地做事,就能最大化地创造增量价值。

注意,本书后文中还会多次使用"优秀的人"这个表述,本书中所有对"优秀的人"的表述,都代表勤奋、理性、善良。这事实上也是《增量价值》这本书的价值观,本书封面上也写着这六个字。我简单地解读一下这几个词语。

勤奋

勤奋是一种选择,这个世界上有很多不勤奋的人,还有很多压根就不认可勤奋的人,他们会用各种论调来否认勤奋的重要性。诸如"成功不靠勤奋"之类的鸡汤文时不时地就会在网络上冒出来。

我们无须去和他们争辩，只是观念和角度不一样而已。但对于增量价值的创造者来说，勤奋是必须具备的特点，因为这是创造增量价值的底层原理所要求的。

前文说过：**创造增量价值需要依赖团队中的成员产出更多价值。而个人要产出更多价值的方式是"增加劳动时间"和"减少无效动作"。**

这两点显然是需要勤奋来驱动的，不勤奋的人怎么可能去要求自己增加劳动时间呢？不勤奋的人怎么可能会愿意去关注并不断改进自己的"无效动作"呢？

勤奋的背后是付出汗水和应用智慧，这才是价值的本体，其比金钱更珍贵。所以人有钱或没钱，根本不会成为优秀的标准，但勤奋是优秀的一个标准。

但凡愿意为了追求价值，愿意付出最宝贵的东西的人，我们与他合作，与他相互赋能，难道不是理想的选择吗？

理性

勤奋是必要的,但人光有勤奋却没有理性,那也是不行的。单有勤奋,但做人做事没有思考逻辑、没有共情、没有方法论,那就会充满低级错误,是匹夫之勇,会大幅降低效率,甚至影响他人的效率。

当有了理性,就有机会把勤奋批量复制成很多份,就会设计出体系和规范。理性的人会更有与他人合作的能力。他们能够更充分地认识自己,能包容和理解他人,能持续突破自身的盲区,同时知道如何运用与总结方法论,有能力算清楚得失与利弊。

我们追求的是增量价值,不应该为身边的存量价值而争得面红耳赤,那样的零和博弈很不合算,而这一切都需要理性。

人都是害怕和厌恶吃亏的,而只有理性才会让人看清短期利益与长期价值之间的关系,才能做好自己的利益与他人利益的合理分配,才能处理好个人利益与整体利益的取舍,才能妥善处理在合作中产生的种种细节问题。

人与人的合作也一定都会有被情绪和表象影响的时候,理性会让我们通过正确的方法去包容和理解他人,构建出更有效和紧密的合作关系。

善良

最后说善良,前面已经说过了,要有良知,我们也说过经营事业需要"止于至善"。

良知和理性有时候是有冲突的。我们需要兼具良知和理性,二者有冲突的时候,该如何选择呢?答案是毋庸置疑的,在任何时候都要坚定地选择良知第一,这样我们具有的才是真善良。

当然,即便没有勤奋和理性,只有善良,那也是一个好人,只是现阶段有一些使命要求我们具有勤奋和理性,**善良是一切的起点,也是终点。**

我们的同行者,必须是善良的人,如果他不善良,那与其合作同行,是充满危机的。不善良,就根本谈不上真正的爱与梦想,拥有再多的物质、资本、能力那也毫无意义。

自己必须优秀

在过去的实践中,我已经充分验证过,当一群优秀的人抱团在一起形成团队去有规范、有方法地做事情的时候,会大幅度放大每个个体所具备的个人能力,从而形成组织能力,这种组织能力完全是 1+1>2 的效果。打个比方,原本 1 个优秀的人自己能赚 1 块钱,10 个人原本能赚 10 块钱。但实际上,将这 10 个人结合在一起,有规范、有方法地做事情,他们能赚 100 块钱甚至更多。

这是一个完全真实的现象。这个现象也是增量价值得以形成的重要原因,如果没有 1+1>2 的效果,很难出现增量价值!而为什么优秀的人在一起合作就会形成 1+1>2 的效果呢?这其中有很多深层次的原因,在本书第四章中会更详细地介绍,在本节中,我先说一个原因,即:

> 优秀的人在一起抱团合作的时候,各自的赋能成本极低!

在一个组织中,人与人是相互联系、相互影响的。我们今天常常说"赋能"这个词,合作的本质其实就是"赋能",对方不具备的能力，当你具备的时候，你是可以赋予对方的。你不具备的能力，对方也能赋予你。

但赋能行为本身是有成本的！这种成本可能是经济成本，也可能是时间与精力成本。当我们对别人赋能，以及别人对我们赋能时，赋能者都是要支付这样的成本的。

我们要尽可能地降低这种赋能成本，而降低赋能成本的核心关键方法就是要选对赋能对象。

很多人、很多公司，其很大的问题就是没有选对赋能对象，对不值得的人赋能，花费了成本，造成了巨大的内耗与浪费。

一个勤奋的人与一个懒惰的人，哪个更值得我们去赋能？一个理性的人与一个不理性的人，哪个赋能成本更高？对一个善良的人赋能，与对一个邪恶的人赋能，哪个风险更大？答案是显而易见的，当双方都是优秀的人，在相互赋能的时候，双方的成本都是最低的。

而我们要与优秀的人同行，选择对的人相互赋能，有一个很重要的前提，那就是我们自身也必须是一个优秀的人，我们自己首先要具备"勤奋、理性、善良"的特点。

因为如果我们自己做不到优秀，那他人对我们的赋能成本就会很高，看似是对方吃亏了，但随着时间的推移，最终消耗的是组织整体的成本，而组织整体的成本又会关乎个人。所以，让自己勤奋、理性、善良，才有资格与同样的人同行。

第六节
建构优秀的组织

优秀的人勤奋、理性、善良。但我们在本书中除了非常关注个人能力与素质以外,也非常关注组织的优点,只有优秀的组织才能创造比个人"天花板"更高的增量价值!

创造增量价值的优秀组织应当具备哪些直观的特点呢?我认为优秀的组织应具备如下特点:

- 组织自身能持续进钱。
- 组织优秀成员获得超额收益。
- 组织做的事情对社会持续有益。

必须同时具备这三点的组织,才可以说是创造了增量价值的优秀组织,我们逐一解读一下。

组织自身能持续进钱

本节我们所用的表述是"持续进钱",而不是"持续赚钱"。因为组织是一个宽泛的概念,组织并非都是商业公司,公司是一种组织的形式;但一个公益机构,一个开源社区&互联网社群,一个内部工作组,都可以是一个组织。

任何一个组织,要能持续地运转,都必然要有可持续的经费来源,否则没法运转。在创造增量价值的过程中,常见的组织形式还是以公司的形式为主的。一个商业公司当然应该追求能持续赚钱,这样才能维持生产资料的成本,才能实际进行增量价值的创造。

但有的公司,比如一些硬科技公司,可能现阶段不能盈利,但是它有持续融资的能力,它的前景可期,这当然也算是持续进钱。融资显然是进钱的一种形式,但不要融资融了一半,断了,崩盘了,那就不能持续进钱了。当然,商业的本质就是要拥有经营性的利润,所以我还是认为有持续的经营性的现金流比较靠谱。

如果一个组织不是商业公司，而是慈善机构，它同样也需要有持续进钱的能力，其进钱的来源可能是社会各界捐赠等，但必须有钱进去才能维持其自身运转。

在今天的社会背景下，一个组织如果不能进钱，那这个组织就已经"死"了，并且还要求能可持续地进钱，如果不可持续，必然不是好事。只做一锤子买卖，吃了上顿没下顿，那怎么可能是一个优秀的组织呢？

组织优秀成员获得超额收益

组织中的成员付出体力与脑力劳动后，就会为组织产生一定的成果，所以成员本身理所应当获得一部分收益。这里的"益"可以是物质价值，也可以是精神益处。

比如在公司中，这部分应得收益的形式就是薪水，其往往是由劳动力市场的价格决定的。团队成员的薪水绝非任何人的赏赐，而是其本身创造价值后应得的！

一个慈善 NGO 组织，其成员也会在其中付出劳动，虽然是公益事业，但成员本质上也是需要有收益的，只是这个收益可能并不以物质的形式呈现，可能只是为了收获人生的意义和心灵的满足。

一个正常的组织，需要给成员发放正常的收益。但一个优秀的组织除了给予成员应得的收益以外，还要能为之分配超额收益！

所谓超额收益，简单地说就是，成员付出同等的劳动，但其在我们的组织中会比在社会其他平均收益水平的组织中明显获益更多！

这种超额收益，可以体现在更高的收入上，也可体现于更多的学习机会，更多的有效经验积累，被更多地赋能等。在我们的组织中，要么赚得多，要么学得多，这就是超额收益！

我创业的这几年，也越发地理解了什么是"财散人聚"，赚到钱分给兄弟们，才能汇聚天下英才，优秀的人是最重要的，把优秀的人团结在一起创业，需要让大家获得更多的物质收入和个人成长。作为老板、作为创始人来说，这个格局是需要修炼的。

这些超额的收益从哪里来？大家本身应得的收益从价值创造中来，而超额的收益当然就是从增量价值中来。只有一群本就优秀的人在一起有规则地做事，才会形成 1+1>2 的效果。如果 1+1 不大于 2，就不会有增量，没有增量就没有超额收益，就不会形成良性循环。

组织做的事情对社会持续有益

任何一个具体的组织,其存在都必须有益于社会。若是对社会、对大众只传递负能量,那是坑害大众利益的组织,那自然不可能是一个优秀的组织。

而大多数组织还谈不上坑害大众,只是自我循环,没有为大众创造益处,这样的组织是一个平庸的组织。

要打造优秀的组织当然是一样的,作为追求创造增量价值的组织,必然是应具备这一点的,因为在原理上就要求增量价值不是狭隘地只追求资本增殖,而是基于良知的,持续对社会有益的,这是优秀组织的基本特点。

第七节
人设和行动

我们需要被认同

很多有个性的人喜欢说一句话:"我不需要别人认同我,我行我素!"我很欣赏这句话,如果有人真的完全不需要别人的认同,那也挺不错,跟世界的连接弱一点也没什么不好。

但如果要创业,要构建一个优秀的组织,要创造增量价值,就需要尽可能地获得更多人和更多社会力量的认同!

我们创造增量价值的事业，并非服务小我，我们有着心系他人、心系社会之心。这样的事业是值得被更多人支持和认同的，当然要追求更多人的认同，不是说要争取所有人的承认，也不是说认同我们的人就要认同我们的一切，这是必然做不到的。

现阶段我们首先需要更多的同行者，所以需要那些勤奋、理性、善良的人对我们有认同，他们会成为我们的伙伴！他们若不认同我们，那我们的伙伴队伍岂不是难以建立？

此外，现阶段要认识到，我们的各种资源是有限的，需要那些掌握一定社会资源的外部支持者认同我们，他们是能够帮助我们少走弯路的。

那如何让我们关注的对象能够对我们增加认同度呢？我认为有两点值得分享给大家，**第一点是人设与宣传，第二点是实干与成绩！**

人设与宣传

"人设"这个词似乎充满贬义，因为有不少公众人物其品德修养存在瑕疵，常常发生"人设崩塌"事故。

但我认为，我们在社会上创业做事的人设本身是没有问题的，我说的人设不是指我们要时刻进行虚伪的表演，而是自身形象的合理维护。具体来说，我认为人设有两方面意义：**首先，人设是我们所代表的立场的人格化体现。**

本书第三章"一切主要靠自己"一节将具体讲解人应该具备的立场问题，建议后期可以结合本节阅读。

在创业做事的过程中，必然要提倡或支持一些价值观与精神品德，我们也会提倡或支持一些做事的路线和方法，所谓的追求他人的认可，其实就是认可这类事物。这就需要通过以人设的形式把我们所支持和认同的立场对外传导出去，这样我们支持的事物才更有机会被他人发现，才会收获到更多机会和可能性。

简而言之，我们就是我们所代表立场的"形象代言人"。就像我写这本书，我就是在表达我对一些事物的看法立场，我认为人应该"勤奋、理性、善良"，我希望被优秀的人认同。在这个过程中，我们当然认为自己的观点是对的，但即便是对的东西，其他人的接受及理解程度也会有差异，所以需要持续地表达输出，这样才能被愿意认同我们的人看到。

在这个过程中我们要谦虚谨慎，如果证实了我们有错误，那就要勇于改正。此外，**我们还应礼貌对人，有礼貌会让别人感到舒服**，人总是喜欢有礼貌的人，我们完全没必要因为礼貌问题让别人感到不舒服而远离我们。除了礼貌以外，我们还要自信，**应把握好礼貌和自信的分寸。**

譬如，我参与过一些"网络微商"的人设塑造，置身过他们的培训社群和培训现场。你说不礼貌吧，他们也很礼貌。你说他们不自信吧，他们又相当自信，但总感觉像传销大会，让我有智商不被尊重的感觉。这其实是有问题的，不说内在，就连表象上，也不利于一些人对其认同。

人设的第二重意义则是我们所代表的立场呈现到个人身上的一个模范样板。

简而言之，我们不仅是所代表的立场的代言人，还是实践者，是一个样板！

作为一个真实的实践者样板，需要把我们的对外形象进行优化和提炼，找出身上那些真正闪光的、正面的、值得学习的、值得赞扬的点，着重拎出来。当然，人都是有缺陷的，我们也要把个人身上那些糟糕的、腐朽的、不光彩的一面改一改、收一收。我们要有足够的能力预判当自己呈现在公众面前时，外界对我们是一种怎样的感受。

在这个意义上，人设就像女生出门化妆，化妆并不虚伪，**它只是在公众面前扬长避短展示自己的一种方式。**

实干与成绩

要获得更多的认同,除了人设以外,最需要的还是实干,我们必须从骨子里就是一个真正的实干家!实干与成绩才是最能让人铭记于心的,是真正有说服力的!

人设的本质是"说","说"是十分有必要的。但是说的东西,如果没有去做,或者没有做成,那就必然站不住脚,随着时间的验证,其真实的一面会昭然若揭,毫无生命力!

前面说过,我们就是自己所持立场的"践行者形象"。既然如此,我们希望传达什么,需要别人认同什么,就必须以身作则,必须实实在在地、真正地去做!

我们要求别人勤奋,自己却吊儿郎当,那有何资格影响别人;我们要求别人人品好,结果自己每天尽做伤天害理之事,那也绝无说服力。我们不仅仅是一个践行者的形象,且必须是真正的践行者才行。

再如前文所说,我们是所持立场的形象代言人,既然是代言人,就要为我们的立场"背书"。但作为一个背书者,你自己分量不够,你背书能有多大用处呢?

当你要为一个东西背书的时候，仅仅自己去做了还不够，因为那并不能看出这样做的实际结果和成绩。**所以，我们要想真正被广泛认同，不仅要"做"，还得"做成"！**

一个没有结果的人，没有阶段性成绩的人，其说服力永远是有限的。**我们需要让自己变成一个有阶段性成绩的人。**

只有呈现出实际结果和成绩，才能让原本就认同我们的人更加信服。也才能够让那些还没认同我们的人，改变其根深蒂固的看法！

在现实社会中，过去取得的成绩确实会增加别人对你的认可度，你的背书，你的立场，也会因为你过往的成绩，而变得更有分量，这是一个事实。

所以一切事物，都不应该是简简单单的"术"。就如同人设、个人 IP、个人品牌的打造，我看很多图书都在讲解有关个人品牌打造的方法。但这哪里是一个简单地依葫芦画瓢就能做到的事呢？这是一件整体性的事情。

实干所取得的经验和成绩决定了人设高度，人设高度又反作用于实干。

如一名成功的企业家，是他的实干所取得的成绩造就了他的名气，而这些名气给他带来更多机会，从而创造了更大的成绩！记住这个规律。

第八节
自己的宿命

到了本书第二章的尾声了,我在写这一节的时候,好几次想起了 2015 年的一幕。那年我 24 岁,正在北京中关村创业,当时公司业务遇到很大瓶颈,我认为当时的团队不太给力,面对未来充满不确定性。

某一天早晨醒来,我想到这崭新的一天,居然眼睛一睁开就要给一群人发工资、交社保,我居然痛哭起来。

今天回想起那个早晨,我不禁乐了,那时候内心的想法是"自己也太不容易了,我的同龄人都刚毕业还在找工作、拿工资,而我到底有什么能耐,每天折腾这些事,并且事实上是一个人在战斗。我也老老实实、安安稳稳的不好吗?"

我后来确定了，这肯定是不好啊！因为自己天性就是爱折腾的人。能否折腾成功是另外一回事，但骨子里就是这样。一切都是自己内心的选择，不去做是不会舒服的。这些年我也有了一个可以被称得上是"底层认知"的认知，那就是：**一切的问题，都是自己的问题**。

没有什么问题值得抱怨，也没有什么委屈值得解释。一切都是自己对自己的要求。我能做的就是接纳自己的选择，持续地认清自己、强化自己。这是宿命。

认清自己与生俱来的与他人的差异，认清自己视角的狭隘。自己有哪些能耐？缺什么能耐？缺的能耐用什么弥补？应该做怎样的妥协，抑或要做怎样痛苦的改变？

认清自己应该如何与他人合作，对方是怎么样的画像，他们需要什么，如何找到他们，互相补充与赋能。

在我们未来的生命中、事业中，还需要团结很多人，需要多种力量给我们帮助。我们也会有自己的对手，我们需要了解他们，同时还需要有看待问题和处理事物的脚手架。

在时间的容器里，我们注定要为更多人负责，而自己只能指望自己对自己负责。我们依然会面对很多挑战与不适，会面对很多愚蠢、荒诞、嘲讽、背离，会碰到很多让我们失望的人和事情。

我们还会有无力与软弱的时刻。但这些都是宿命！

好在我们勤奋、理性、善良，总能有解决问题的方法，在接下来的章节中，我们继续做这些讲解。

第三章　个人

- ➢ 运动和健康最重要
- ➢ 生命中的几种人
- ➢ 一切主要靠自己
- ➢ 关键的条件要主动争取
- ➢ 运气
- ➢ 不要有一夜暴富的幻想
- ➢ 改造我们的学习
- ➢ 没那么多非黑即白
- ➢ 人要有坚定的立场
- ➢ 我们要有方法论
- ➢ 诚信靠谱为什么重要
- ➢ 我的公益观

한국 경제의 전망

第一节
运动和健康最重要

运动是必选项

勤奋、理性、善良需要我们管好自己的身体,管好自己的脑子,管好自己的心灵。

创造价值需要依靠勤奋劳动,但如果没有健康的体魄,就完全谈不上勤奋,所以做一切事情,健康都是首要的。越早关注健康问题越好,这就自然也要求我们养成运动的习惯。

在创造增量价值的过程中,我们常常会面临很大的压力,而运动除了能带给我们健康的体魄,也是排遣压力的绝佳方式。

我可以明确地告诉大家,如果不能养成运动的习惯,我们是做不成大事的!体力、精力、愿力都会跟不上,运动不是可选项,而是想创造增量价值就**必须做的事情,是必选项!**

在运动这件事情上,我并没有必要花很大的篇幅阐述它的好处,因为很少有人会否定运动与健康的意义。但当我们要实实在在养成运动的习惯时,这对于很多朋友来说还是有点挑战的,甚至会有一个短暂的痛苦过程,而这是我们必须努力去突破的!

鼓励伙伴们运动

我们在"建构优秀的组织"一节中说过,一个优秀的组织能让组织优秀成员获得超额收益。

我们自己在养成运动习惯的同时,还应该努力在团队内部营造出运动的氛围,要鼓励团队成员养成运动的习惯。

这样既有利于伙伴们拥有健康的体魄，同时还能形成积极向上的团队和企业文化。团队中的成员一起运动，能增强团队的凝聚力和伙伴间的关系。

我们的创业公司给员工发的钱可能不是最多的，但是如果能让大家养成运动的习惯，那其实就是给了大家一个受益一生的礼物，也是团队给予大家的非常有意义的超额收益！

这一点我们团队做得很不错。每天中午有同事带队去打羽毛球，周末同事们一起骑行、跑步。这种运动习惯是我们的重要文化之一。

并且我们一定要知道，我们的事业绝不能以牺牲自己、牺牲伙伴的健康为前提，应当劳逸结合，把运动与健康作为头等工作去做！

这既是对自己负责，也是对团队伙伴负责。本书不是养生学与运动专业的图书，本节点到为止，希望大家重视运动，重视健康，有健康才有后面的一切。

此外，我希望基于这本书，或许未来有机会，我也能带动更多读者朋友通过社群组织一起运动，运动是增量价值创造者的主题之一。

第二节
生命中的几种人

以前有位老师跟我说过一句话,他说人要干成大事一定要依靠四种人,这四种人分别是**牛人**、**贵人**、**高人**和**自己**。我认为这非常有道理,但我觉得还有一种人也是不可缺少的,即**敌人**。

本节我们逐一说说除自己以外的其他四种人。在创造增量价值的道路上,我们需要认识和了解他们。

牛人

所谓牛人，我的理解就是能与我们一路并肩同行的优秀的伙伴。 他们或是我们的合伙人，或是我们团队中的一员。他们是真正与我们一起作战的人。

我们每个个体自身的能力都有局限性，必须依靠牛人才能完成最终的目标，没有他们就谈不上是真正意义上的团队。

在本书中，前后有大量的篇幅都在讨论我们所需的牛人及其画像，如何找到他们，如何与之合作，如何与之相处，这是我们要基于本书进行深度思考的。

贵人

何为贵人？我们在第二章的"人设和行动"一节中提到过，**那些具备更多社会资源且愿意扶我们一把，给我们助力的人，这就是我所说的贵人。**

贵人常常只需助我们一臂之力,就能让我们少走很多弯路。领导前辈、投资人、某个大客户等,都可能成为我们的贵人。

关于如何找到贵人,我想和很多职场上的年轻人分享的是:我们也许常常认为自己很普通,难以接触到什么"有社会资源的人",但我认为你身边一定有,最常见的就是你的老板或领导,因为他们既然能办一家企业,能给你发工资、交社保,就说明他们大概率比你有资源。

不是让你去溜须拍马,而是你至少不要和老板及领导站在对立面。若能凭自己的实力让你的老板成为你的贵人,这有什么不好呢?

很多知名企业家,如果你仔细看看他们的经历,就可以发现他们的领导或老板都曾给过他们重要的提携和帮助,从而使他们斩获了重要的机会。他们是你物理上距离最近的掌握一定社会资源的人。

我本人无论是在创业或就业时,身边都有过贵人。我有过两三次工作经历,我所汇报工作的老板基本上都是国内知名企业家。面对老板,我希望他们成为我的贵人,而事实上他们确实都成了我的贵人。我在创业的过程中也有过不少贵人,比如我的投资人、我的一些合作伙伴等。他们给过我太多重要的机会和资源,有的机会对于他们来说并不算什么,但对我来说，就是能让我少走很多弯路，是迅速上一个台阶的关键机遇。

在我的内心中，我永远都非常感谢我生命中的贵人。这一点其实也是最重要的！贵人愿意帮助你，肯定因为你是一个值得被帮助的人。但你若认为这是理所应当的，不懂得感恩，那你就永远不会有贵人。

别人帮助过你，你不感恩，不承认谁是你的贵人，你当然永远不会有贵人！

高人

高人则是在你的知识、技术、思想等方面给你指点的人。他们也许不能直接给你物质资源，但是能够有效地为你指点迷津，或者在他们的专业领域给你强有力的支撑。

比如你的师长、某些领域的顾问等。在现实中，如能得到这样的高人指点是一种幸运。此外，一个远方或历史中的思想传播者、著作的作者，他的话语点拨了你，或时刻提醒着你，当然也算是你生命中的高人。

敌人

最后我要着重说"敌人",敌人是那么重要!敌人和先前几种人有着本质的区别,其他人都是正面帮助我们的人,而与我们站在对立面的是敌人,常见的有竞争对手,以及那些给我们制造困难的人,但正是他们才让我们得以被动成长!

我特别喜欢电视剧《康熙王朝》,最后一集中有这样的桥段:

> 康熙大帝在千叟宴上端起酒碗敬酒时,第一碗敬孝庄太皇太后,第二碗敬各位臣工,当端起第三碗酒时,他说道:"这第三碗酒,朕要敬给朕的死敌们,鳌拜、吴三桂、郑经、葛尔丹,还有那个朱三太子啊,他们都是英雄豪杰啊,他们造就了朕呐,他们逼着朕立下了这丰功伟业。朕恨他们,也敬他们。唉,可惜呀,他们都死了,朕寂寞呀!朕不祝他们死得安宁,祝他们来生再与朕为敌吧!"

陈道明的演技真好,这是何等的豪迈!

所谓"反者道之动"。人的成长和事物的发展均是由其对立又统一的运动所推动的! 事物必有对立面,没有对立面就不存在事物的发展,没有对立面的事物必将消亡。有能力创造增量价值的人和团队,在任何时候都必有敌人,必有对立面,没有对立面的老好人不能成事。不要抱怨和害怕我们的敌人,没有他们,我们的成长和成绩就无法彰显和表达!

第三节
一切主要靠自己

外因与内因

问大家一个问题,你觉得人的成长以及事物的发展,到底是内因起决定性作用,还是外因起决定性作用?有人认为外因更重要,有人认为内因更重要,还有人认为两者地位相同。

注意,对这个问题的认识至关重要!外因第一,还是内因第一,这是重大立场问题,其关系到我们对生活和工作中方方面面具体问题的态度。只有真正明确这个问题,站准立场，我们才会学好、用好与之配套的很多有体系的知识和工具。

我要明确告诉大家，对于创造增量价值的我们来说，我们必须旗帜鲜明地认定：内因是一切事物发展的决定性因素！

前文所言的"牛人、贵人、高人、敌人"四种人都重要，但他们对我们都不起决定性作用，他们都是外因。最重要的是谁？当然是自己！自己不行，牛人、贵人、高人都不会出现，甚至连敌人都没有。

对个人来说，自身的能力、素质、品德等就是内因。对一个团队和组织来说，其组织能力就是内因。

人的成长、团队的成长，以及万事万物的发展皆是由内因和外因共同作用的结果，但这不代表内因和外因有同等的地位，内因是第一位的，是起决定性作用的因素。

毛主席在《矛盾论》中说：

> 两军相争，一胜一败，所以胜败，皆决于内因。胜者或因其强，或因其指挥无误，败者或因其弱，或因其指挥失宜，外因通过内因而引起作用。

外因是发展的条件，内因才是发展的根据，外因通过内因而发挥作用。

当然，我们不会否定外因的重要性，外因也相当重要。创造增量价值也需要很多的外因作为条件。但你若以为外因是起决定性作用的，那就不对了。

2022年冬奥会上谷爱凌夺冠后，在互联网上引发了大量热议。很多网友指向其家庭背景，找到了很多所谓她成功的外因，好像她的成功主要是由她的家庭条件带来的，这样的认知是非常荒谬的！

谷爱凌的家庭固然给她创造了很多好的条件，她的成功也确实是内因努力和外因支持共同的结果，**但其中起决定性作用的绝对是谷爱凌自身的天赋与努力！**

古今中外，比谷爱凌家庭背景更优越、有更好条件培养运动爱好的家庭有很多，但他们中的大多数都没有成为世界冠军，因为他们虽有外因却没有内因。同时也有很多贫苦家庭的孩子，他们没有很好的家庭环境，但是他们自己努力，最终也能成为世界冠军。

有人认为没有家庭条件的外因，将无法创造出谷爱凌的内因。前文说过，人有被蒙蔽的天赋，没有外部的环境支持，可能会不被发觉，但不被发觉不代表没有，这种内因的天赋即便不被发觉，但它本身也是存在的，这也恰恰说明，内因是底层的决定性因素。

还有一些人认为"外因与内因同等重要"。他们认为讨论外因与内因谁起决定性因素，**就好比讨论先有鸡还是先有蛋！** 在这一点上，我们也必须毫不含糊地看到，**这绝不是"先有鸡还是先有蛋"的问题，这分明是"是鸡蛋还是石头"的问题。**

毛主席在其著作《矛盾论》中举过一个例子：

> 鸡蛋因得适当的温度而变化为鸡子，但温度不能使石头变为鸡子，因为二者的根据是不同的。

鸡蛋之所以能孵化出小鸡，温度、环境这些外因都是条件，核心决定性因素是它是鸡蛋，而不是石头。它的内因若不是鸡蛋，而是石头，那它在怎样的温度、环境中，也不可能孵出小鸡。

对于外部条件，我们是应努力争取的。如果没有外部条件，那确实鸡蛋孵不出小鸡来。但争取外部条件的过程，本质也是内因在起决定性作用。

我们之所以能争取到很多外部支持，能够招揽到牛人，能被贵人所青睐，能被高人所有效指点，能被敌人所视为敌人，本质原因都是"自己"值得。这也是为什么我反复说：要想吸引优秀的人，自己要成为优秀的人。自己没有达到一定的高度，牛人、贵人、高人，连敌人都不会出现。

是找方法还是找借口

当真正认同内因才是第一重要因素时，我们碰到事情，才会自然而然地从内因入手找方法，自我反思，而不是先找借口、找理由！

我们在日常工作中会碰到两种人，一种是面对问题时先下意识找借口的人，还有一种是先找解决方法的人。这两种态度背后的本质也是内因与外因谁起决定性作用的问题。

当我们认同内因第一时，这无关品德，也无关良知，但确实可以更好地指导我们的工作，指引我们的人生。

遇到事情，到底是先自我反思，找解决方法，还是找理由、找借口？到底是勇往直前，还是守株待兔？到底是要开拓增量价值，还是贪图存量博弈？

在现实中，优秀的人遇到问题时会自我反思并找方法；而有些人只是找借口、找理由。前者能取得成绩的概率比后者更高。

风口上的猪不会飞

有人说："站在风口上，猪都能飞起来。"我不同意这句话，这句话误导了很多人。

猪是绝对不会飞起来的，因为猪的内在结构就是猪，其内在结构决定了它是不可能真正飞起来的！

即便表面看猪飞了起来，那只是你我对"飞"这个概念的理解有偏差，你把"吹起来"理解成了"飞起来"。

猪的内因决定了猪或许可以被吹起来，但它真没办法飞。这种"吹"起来的"飞"必然会伴随狠狠地跌落，最终被摔死。事实也是如此。回头看这几年那些风口上没有翅膀的"猪们"，确实被摔得很惨。

第四节
关键的条件要主动争取

"内卷"本是一个经济学名词,我并不认为今天我们使用的是它原本的含义,它现在的含义是有语义偏差的。

现在大家所说的"内卷",大概形容的是社会资源的有限,行业竞争的加剧,造成恶性竞争、过度竞争等问题。如果从这个意义上看,我认为确实挺"卷"的,年轻人很"卷"、很多行业也很"卷"。

所以我们提倡要创造增量价值,在第一章中就说过,增量价值是整体全面的增量,而绝非存量的博弈和"内卷"!创造增量价值就是让我们摆脱"内卷",摆脱存量博弈、恶性竞争、过度竞争的方式!

网络上对于摆脱"内卷",还有一种既调侃又挺普遍的方法,叫"躺平"。其实"躺平"确实是很多人的选择。对此我不做评价,每个人都有"躺平"的自由。

我没有否定"躺平",我也认为每个人都有选择"躺平"的自由,但我个人提倡创造增量价值,每个人也有选择创造增量价值的自由。自己要"躺平"的人,看到别人要创造增量价值,不应该骂骂咧咧。同样,自己要创造增量价值的人,也要理解那些追求"躺平"的人,理解他们与自己视角和立场的差异。

创造增量价值与"躺平",看似都是摆脱"内卷"的方式,但两者完全相反,创造增量价值需要主动,主动找寻机会,主动改变现状。相信一切主要靠自己,相信成功主要取决于内因。

阶层没有固化

"内卷"是事实,但我完全不认同当下是阶层固化的。我认为中国社会所谓的阶层是肯定没有固化的,富人有可能还会变成穷人,穷人完全可能变成富人,这样的事情每天都在发生,在今后很长一段时间内依然会持续发生,绝对没有阶层固化。

但向上面的阶层跨越难不难呢？我想它在任何国家、任何历史阶段都是极度困难的。但不要因为这件事情本身的困难就盲目地抱怨什么固化，有抱怨的时间还不如去想想怎么突破。

跨越阶层这件事本身就不是一件面向所有人的事情，根本不存在躺着就能跨越阶层。跨越阶层的困难之处到底在哪儿？

其实就难在需要"主动突破"上。

你可以看看身边的人，很多人还是想追求稳定，追求处于舒适区。他们不过是一边躺在舒适区（也许是物质的舒适区，也许是心灵的舒适区），一边嫌阶层固化，根本就没有"跨"的动作，这还谈什么跨越阶层呢？

内因没动，却要去责怪外因。也难怪，很多人从内心里就不知道内因才是根据。所以我在上一节开头就说过：

> 对这个问题的认识至关重要！外因第一，还是内因第一，这是重大立场问题，其关系到我们对生活和工作中方方面面具体问题的态度。

总体来说，我认为今天我们的外因还是很好的。

大多数人都并非出生于贵族家庭，本来也没什么贵族，中国改革开放 40 年来，是有一部分人先富了起来，这些人确实把握住了一些机遇，但我们仍然面临着相当多的机遇！在各个赛道上，只要你愿意去耕耘，还是有很多等待我们的位置的。

今天，"卷"是有点"卷"，但各种新生事物也层出不穷，机会相当多。我自己在现实中，也见过太多二十多岁、三十多岁勤奋的年轻人，因为在新生事物中敢于尝试、敢于投入，从而获得巨大的收益及阶段性成绩。

主动争取

所以当下我们面临的外因和大环境对于希望创造增量价值的同学来说没那么糟糕。

外因是事物发展的条件，若毫无外部条件支持，那最终的结果也无法彰显！所以外因也很重要。

但严格来说，外因根本就没有糟糕不糟糕的说法！因为**外因，也都是靠内因去主动争取来的！**对于我们来说，周遭的环境好不好，碰到的人能不能帮助我们，我们从不奢望是"躺平"后从天上掉下来的，而很清楚是靠自己的内因去主动争取的。

这种"主动"就体现在需要我们非常敏锐地主动寻找机会、耐心耕耘上！

在学校、职场、商场，都分主动的人和不主动的人。上学的时候，主动的学生会主动去学习，碰到问题主动向老师询问或自己钻研，当然也有不主动的同学。在职场上也是一样，有的人就是主动的，有的人就是"躺平"的。在商场中创业更是一样。

而客观事实是，在大多数情况下，主动的人比不主动的人收获更大。就连谈恋爱追求女神时，主动一点去追求，都比不主动的成功概率要高。

在我们的人生中，很多条件确实是非常关键的，把握好这些条件，可能会上一个台阶，或者少走一些弯路。比如，学业上的深造机会、导师的选择等；事业与职场上的岗位调动、人员提拔、公司选择等；商业上的红利、关键项目等。

而如果你想要得到这些事物，你若总是"躺平"着的，它们又怎么会主动过来找你呢？

俗话说，做人要"灵光"一些。意思就是说，对待这些机会要敏锐，并且要有耐心，需要一直关注和观察。有的人说，我平时工作已经非常辛苦和努力了，但依然看不到任何机会。

这可能是因为你不够敏锐，人要突破，就不能完全沉浸在单一的事务中，需要有时间去认真思考自己到底需要什么样的外部条件，需要怎样的资源，需要怎样的贵人。

如果你已经对自己的需求非常清楚了，那么当目标出现的时候，你就能敏锐地察觉并争取到，当然在这个过程中也需要有耐心。

第五节
运气

"运气"为何存在

做事情,有没有运气这一说?我认为是有的。有的人运气好,有的人运气差,这是客观存在的现象。

当运气好的时候,可能不需要付出太多劳动,也不用足够的脑力思考就能意外获得一些"好处"。当运气差的时候,可能躺着也会"中枪"。

前文说过，事物的发展，包括个人的发展，内因是排第一位的，外因则通过内因起作用。我们还说过，对于一些于我们有益的外部条件，我们应尽可能地去主动争取。

但要知道，不是所有的外部条件都是可控的。有的外部条件，本身就是高度不确定的，是没有路径和规律可言的。比如，这几年突如其来的新冠肺炎疫情，这样的外部因素，是谁也无法预期的。

当本不确定的外部条件以符合我们利益的形式出现的时候，就是好运来临的时候。而当外部条件非常不利于我们的时候，就是运气差的时候。

但运气就是运气，它是让人捉摸不透的，有好运最好，没有也无妨。最好不要有差运气，非要有，那也挡不住，因为它本身就是高度不确定的。如此看来，我们之前所说的内因是事情发展的决定性因素，这个规律在很多时候将不起作用了吗？

有的人自身文化水平不高，素质、品德也不高，但正好选对了一个行业，赚了不少钱。而有的人本身勤奋、理性、善良，但在做生意时突遇"黑天鹅"事件，亏得倾家荡产，这样的情况也时常发生。

仿佛很多时候运气才是起决定性作用的。

诚然，这个世界是有它独特的容错机制的。有的人德不配位，靠运气获得了很多东西。一阵风吹来，有的人确实如同"被风口吹起来的猪"。

但要相信，这个世界也有它的纠错机制。纠错机制最终会让人的实际地位与内因相匹配。这个纠错机制是什么呢？就是时间。

时间会抹平运气

运气好本身不是坏事。但不确定的事物会依然的"不确定"，那今天运气好，明天运气可能就不好了。当明天的运气恢复常态的时候，内在能力或品德如果接不住，可能好事就会变成坏事，"猪"就要砸下来。

同样，运气差本不是好事，但内在能力和德行却能将其扛过去，并且在厄运中反思自己，找到新的方法，坏事终究会变成好事。

时间会让运气逐步失效，进而彰显出事物运行本来的规律。所谓"穷不过一世，富不过三代""凭运气赚的钱，凭本事亏了""久赌必输"，它们说的都是这个朴素的道理。

人生有时候也如同一只有涨有跌的股票，有时候股票会被外部因素炒作成"妖股"，会以脱离内在价值的形式呈现出超高的价格；有时候则是被低估，或因市场环境被打压。

无论是被高估或低估，都不能如实反映它真正内在的结构，但在时间这个纠错器面前，它终究会回归应有的位置，回到与它内在价值基本一致的位置上。

所以，每个人都应该正确认识运气，不要幻想你能掌控运气，不要迷恋运气好，也不要因为运气差而丧失意志，我们要强化的永远是内因。

第六节
不要有一夜暴富的幻想

在今天的互联网与朋友圈中,常常有宣扬一夜暴富幻想的各种新型"成功学"或各类鸡血广告,以及无良知识付费服务的宣传标语等。这些都会给很多人的价值观带来错误的影响,让一些人对一夜暴富存在幻想。

这个世界很有趣,有的人抱怨阶层固化,有的人幻想一夜暴富,还有一些人今天抱怨着阶层固化,明天又幻想一夜暴富。

而这些都是我们创造增量价值的大忌。

前文我们讲了运气的本质，其实很多人的问题就是总对运气好这件事有着不可自拔的执念，表现出来就是他们对一夜暴富充满幻想。

还有一些人，他们非常清晰地知道万事万物主要靠内因，靠行动，而不是靠运气。但他们对一夜暴富也充满幻想，他们不能忍受长期主义。于是他们试图靠内因去追求一夜暴富，但这样动作就变形了，表现出来就是违纪违法、铤而走险，最终肯定不会有好结果。

所以，一夜暴富的幻想本身就不可取，有这个幻想，就不会有什么好事发生。

不要为幻想买单

我小时候很喜欢看有关体育彩票开奖的电视节目，每一次开奖，就有一个人能获得 500 万元奖金，我当时就想这个中奖者听到这个消息后会有多兴奋！

我甚至会自行脑补，我要是能中 500 万元大奖，那简直要开心疯了，有太多事情可以做，有太多东西可以买。后来我确实买过不少彩票，为我的幻想买单，很显然幻想没有成为现实。

长大后，常常有人跟我说："刘欣，我给你一个股票代码，你去买这只股票，我有 XXX 消息，它一定会涨。"他们甚至表现出真有那么一回事儿似的，比如，什么点位出，什么点位进。这种愚蠢的行为，我也干过。我内心本是不相信的，但我总幻想对方说的是真的，于是我买了一些，很显然幻想没有成为现实。

今天我们也常常能听到很多叙述成功者的故事，在那些描述成功者的故事里，总会淡化主角付出的艰辛，而着重强调他们的赌性及那些一蹴而就的好运。因为勤奋与艰辛的故事听上去很枯燥，这样的内容没有市场。但我知道，这些都不是真实的，不应该去幻想那些看似一夜就能实现的事情。

无论是电视里直播的彩票开奖，还是推荐股票的虚假内幕消息，或是虚假的成功故事，都是吃定了人们常常具有一夜暴富的幻想罢了。

相信勤奋

我为一夜暴富的幻想买过的单真的太多了，什么离奇愚蠢的事都干过。好在今天我对这些已完全免疫，我明白了我是不会一夜暴富的。

如果你告诉我做什么项目、投资什么标的能赚笔快钱，我会完全免疫。我发现，凡是我想投机取巧的事，最终都会赔；凡是追涨杀跌的东西，开始会让我尝到点甜头，后面都会赔回去。反倒是真正投入了心思进行研究，认真勤奋做的事情，都取得了回报或成绩。所以时间是一切事物的纠错器。

想要赚很多钱，靠的是"劳动力+劳动资料+劳动对象"。 而当这些生产资料还不足的时候，就要靠勤奋劳动去换取，而不是幻想靠运气捡到一只从天上掉下来会下金蛋的公鸡，更不是以违纪违法的方式去掠夺别人的东西。

合规合法赚钱

我们普通人能接触到的正经生意，即使可能有市场短期的供需失衡，也不会有长期存在暴利的情况。有的人幻想一夜暴富的方式是交一些智商税，有的人则是铤而走险去掠夺。

所谓"暴利的生意往往写在刑法里"，就是这个道理。即便一些事情有可能让人一夜暴富，但相信我，那些一夜暴富的事情往往存在不合规甚至不合法的情况。

不合规不合法的钱，看似短期赚得快，但坐牢的时候可不舒服。并且通过这种方式赚的钱，从法律的角度看，并不是你的钱，因为不合法，你更不会受到法律的保护。

大部分人不会犯罪，也不想犯罪，但很多中小企业主的合规意识还是相对薄弱的，不注意这一点，未来会吃大亏，也会丧失很多机会。我们创业做事的朋友也一定要有合规意识，做法律允许的事情，这样才能将生意做大。

长期主义的起点

"长期主义"是近些年很流行的一个概念，但其核心内涵并不新颖。

其核心在于我们要能够忍受短期的挫折，耐得住缓慢成长的过程，能够抗拒当下的诱惑和欲望，不迷恋一时的运气，不为追求赌性而冲动行事。真长期主义者是拥有战略眼光的，是活在未来的。真长期主义者知道凡事都是一个从量变引发质变的过程，知道要使用眼前的勤奋和短期的隐忍来换取长期的成功。

成功的道路是曲折的，有时候要"为了进攻而防御，为了前进而后退，为了向正面而向侧面，为了走直路而走弯路，为了长期的胜利而进行短期的迂回。"

要做到长期主义，就必须彻底放弃一夜暴富的幻想，这种幻想不仅仅表现在追求物质财富上，在工作中也会有这样的幻想。

对于很多工作，要达成战略，需要具备长期主义的心态，因为很多工作不是立即就能看到成效的。我们在生活中减肥、健身、学习等，在做这些事情时也要放弃一夜暴富的幻想，要用长期主义的心态去做。

对任何具有一夜暴富性质的事情，都要有所警惕，坚决拒绝。只有彻底放弃一夜暴富的幻想，才能真正走到创造增量价值的道路上。

第七节
改造我们的学习

作为增量价值的创造者,学习将是我们最重要的活动之一。说实话,我从没想过有一天我会在一本书里告诉大家学习是何等重要,甚至告诉大家如何改造自己的学习。

如果回到学生时代,老师和同学们说:"未来刘欣会写本书教大家如何学习。"大家肯定会哄堂大笑,认为这是一个笑话。因为学生时代的我,学习成绩不是不好,也不是差,而是极差!究其原因,一来是因为我确实天资平平,二来我对当时学校所教的知识没有太大的兴趣,而且那时候的我并不懂有效的学习方法。

而今天的我，并不想抨击和否定应试教育，我认为应试教育有它的弊病，但也有其选拔人才的合理之处，只是任何一种制度确实都难以做到普适。比如，对于大多数人来说，进入社会后会发现人生中遇到的很多问题，在学校里都没学过，或者学过又忘了，所以大多数事情要么从零开始学，要么重新学一遍。

由此我明白一个简单的道理，从某种程度上说，当今社会中人的价值高低取决于他实际掌握多少知识，所以学习将是我们毕生最重要的活动之一。

建议你最好能把第四章中的"充分运用好工具"一节与本节结合起来阅读。我们做事情，本质上会用到两种工具，一种叫技术工具，一种叫思想工具。当下，新生事物、新技术工具、新思想工具层出不穷，好东西摆在那里，当你去学习它们的时候，你会发现它们中的大多数是不必支付学费的，都是免费的。

但如果不去学习它们，你就永远只能把它们当作新闻看看，当成流行的新名词说说，而无法与自己建立实质性联系。如果这个世界的精彩永远与自己无关，那么在我看来是多么可悲的事情。所以我这样的人是能占到一些便宜的，虽然上学的时候学习不好，但进入社会后我一直在疯狂学习。

当下，还是有很多愿意学习的人的，但我发现很多人的学习方法和路径往往有问题，是需要优化和改造的，不正确的方法和路径会阻碍我们创造增量价值。作为一个学以致用的实践者,我在过去几年对于学习这件事情积累了一些我认为有用的经验,我也在持续改造自己的学习,这里想把其中一些关键的思考分享给大家。

跟谁学习

在自媒体蓬勃发展的当下,绝不缺乏讲课、写书、开培训班和提供知识付费服务的人,我每年也会购买各种线上付费专栏和课程,而大多数人日常的学习渠道往往也都是这些。要改造我们的学习,首先要知道应该找什么样的老师,要跟谁学习。

所有讲课的人都可以被称为老师,在我看来,老师总体可分为两类。

一类是,其谋生手段就是做学问、输出知识和讲课。比如中小学教师、大学教授、知识付费博主、在线教育讲师。不论其水平高低,总之他们以输出内容或研究学问为主要工作,他们所输出的内容就是他们主要谋生交换的"商品"。而另一类"老师"则是,他们也喜欢输出知识,但却另有职业,或者说在大多数情况下是另有事业的,比如那些愿意分享知识和自己经验的企业家、政治家、艺术家、某项专业技能人才,等等,我称他们为"实践型老师"。

这两类老师各有特点,都有好的也有不好的。总体上,**我们要找那些真正以钻研学问为第一要务的老师,而不是钻研如何把课卖出去为第一要务的老师。**

有的教授或专家,真的是终其一生钻研其学问,他们中有些人也许没有足够的实践经验,但他们在学问上都下过足够多的功夫,他们输出的知识是毕生沉淀的精华。这样的精华,是我们的宝藏,每每遇到这样的老师,我都倍感欣喜和满足,得跟他们学!

但有一些所谓网红老师、博主,或者所谓畅销书作家,实则学问肤浅至极,没有真功夫可言,唯有遣词造句之小术、营销宣传之小聪明、包装课程与包装职称头衔之小格局。这样的伪老师,纵使再口若悬河,也不必跟他们学。如果说非要跟他们学习的话,倒是可以学一学他们是如何打造人设、如何做营销的。

而对于上面介绍的实践型的老师,我们要找到那些真正在其领域有深厚功底、有突出成绩并且愿意真正输出真实经验的老师。他们也许不一定像专职老师一样具有完备的理论逻辑,但他们输出的知识因为具有实践性,且他们自身在实践后得到了他人难以企及的成绩,同时他们还愿意分享,这其实也是一个宝藏,我们与之取势、明道、优术,也是极好的选择。

当然这类人也有反面教材，有的企业家、专业人才，虽热衷演讲、写书，但是其主要目的是为塑造个人形象、为企业背书，或另有其他目的。其输出的内容常为"假大空"或是个人牢骚，无思想性、无技术性。这样的伪老师，纵使其水平在本领域很高，我们也不必跟他们学。

此外在古今中外，有一些好老师真的是两方面都具备，既在本领域有极强的成就，同时又有专业的总结与表达输出能力。

我们在第四章的"充分运用好工具"一节，会介绍技术工具和思想工具。当在学习技术工具的时候要和这样的好老师学，这样既能通晓技术本身的理论和原理，同时也能看到优秀的实践者是怎样运用这些技术工具成就事情的。正如古代拜师学艺，哪怕是学做木匠，选择一个蹩脚的师傅和选择一个有水平的师傅，也会让你的人生完全不同。

在思想工具的范畴中，我们同样需要找到真正的好老师来指导和引领我们。现实中，如果有好的老师来做指导，那是最好的。其实，放眼历史长河，对于任何一位老师，只要我们能触达他的学问，都可以跟着他学，譬如读一本好书，本质上也是拜了一位好老师。

时间是一个很好的维度，在历史上，早已有过被时间验证过的顶级好老师，不说国外的，中国的好老师就足够多——孔子、庄子、慧能、王阳明、毛泽东……

如孔子，他就是我们所说的把研究学问和讲课作为主要业务的老师，他的主业就是讲学传道，终其一生论道思辨，他的著作被上千年的时间验证过，经久不衰。我们去跟他学，岂不是找到了一个宝藏？

再如阳明心学的创始人王阳明，他起初并不是专职的思想家和教育家，而是明朝的宰相，但他也开创了"阳明心学"这样经过实践验证的伟大思想体系。当我们研习他的学说时，就等于一个既是大官又是大师的人来当我们的老师，岂不痛快！

再如中国的伟大领袖毛泽东主席，他的人生经历是常人无法企及的，他也留下了涵盖哲学、经济、文化的诸多系统性思考与方法论，非常值得学习。

要改造我们的学习，首先就是解决跟谁学的问题。再次重申一遍，一个有真功夫的师父和一个蹩脚的师父，其能力和知识体系是有天壤之别的。

学习有体系且有难度的知识

很多朋友每天看似花很多时间学习——早上跑步开着听书App，晚上下班挤在地铁里听着知识付费专栏，年初要做学习计划，年终要听跨年演讲；今天听听这个大咖的，明天看看那个专家的，感觉谁说的都有几分道理，谁讲的都有些干货。

但我认为这样的学习方式属于给大脑"做 SPA"，做的时候挺舒服，做完以后其实和没做没什么区别。因为这样所获得的信息和知识都是极度碎片化的，是不成体系的。

不成体系的东西多半来源于一些简单通俗的结论，而不触及复杂的推导过程。简单通俗的结论，本质上知识是一种演绎，人在听的时候会感到轻松又似乎有几分道理。而听上去舒服，会让人产生一种既掌握了知识又获得了成长的错觉，但实际在工作和生活中，这些碎片知识是难以给我们有效指导的，是没什么用处的。

所以改造学习，也需要改造学习的内容。尽量不要在碎片化的伪知识上浪费时间，而要去学习有体系的知识。

本节的标题叫"学习有体系且有难度的知识"。其实有体系的知识本身就必然存在一定难度，因为它有着前后连贯的逻辑和标准，这些都是需要下功夫去熟悉并且实践的。

我的本意就是要突出"难度"二字。今天的我深刻地认识到，理解起难度越大的知识，其价值就越大！而越牛的人，也是源自他们掌握了难度更高的技能和知识！

打开知识付费 App 给大脑"做 SPA"，真不是一件困难的事情，相反可能会给人一定的舒适感。而真正吃透某个领域的体系化知识，是需要下功夫的，是需要勤奋学习甚至"死磕"的。

读书也一样，很多网络社群、读书会总喜欢鼓吹读书的"数量"，比如"一周挑战阅读几本书"，我认为这是荒唐的。读书绝不在于数量之多，对于有内容深度的好书，别说一周读一本，哪怕两年读一本，甚至花一辈子去读透也不算速度慢。

过去的我，面对晦涩难懂的书，很不屑，认为作者表达能力欠缺，没办法把复杂的事情通俗化。我热衷阅读那些通俗易懂的读物，因为那样才有阅读的快感。

现在我发现，实际情况正相反，真正有高度的著作，必然有它的体系，有它的范畴，甚至其本身就如同一门编程语言，有它的语法结构，它是没办法通俗易懂的。你只有去"钻"，去"死磕"才能逐渐弄懂它。这个过程是困难的，但这样的书如果能真正吃透，会极其受用，抵得上多次的无效阅读。

渐进与飞跃

当面对有体系且困难的知识时，应该如何学习呢？

我不代表其他人，有的天资聪颖的人学新东西确实更快。上学的时候很多同学背单词、背诵文章就明显比我快，理解知识的速度也比我快。但对我来说，很多系统的知识我都得一点点去啃、去钻、去试，学起来没那么轻松，但一旦掌握了，是真的好用。

以编程为例。我大一开始自学编程，我学习编程并不是为了找工作，而是为当时创业当站长，要给自己的网站做修改和增加新功能。那时没钱雇用程序员，只能自己学。而且我身边没有一个人搞这项技术，没有人能给我指导，所以只能自己慢慢摸索，从看书、看文档开始。说实话，这些技术文档对于初学者来说不是非常友好，很多知识点很难理解。所以很多人学习编程都是"从入门到放弃"，我也想过放弃，但我不得不学，因为我料定了，我未来是需要靠互联网完成人生大业的，编程对我至关重要，"死磕"也必须学会。

就这样通过一点一点地逐步学习，我居然也入了门，后来遇到过很多具体问题，又持续强化了自己在这方面的知识。

我要告诉大家的是，在这个过程中，一定要注意"渐进"。一方面，如果看不懂文档或教材，就一个字一个字地去理解，反反复复地去看，另一方面，就是要注意即时应用。

现在很多技术都号称是"渐进式的技术"。所谓渐进式，就是说在某类知识或技术掌握得还不够深入的时候，就开始运用它，在运用的过程中逐渐加深对知识的理解程度，同时对知识的掌握程度越深，运用得也会越深入。比如我在学编程的时候，不是等全部学通了再去用，而是只学了一部分以后，就开始应用它做出一些东西。

到今天为止，对于一些新的技术、新的思想，我也是无论学了多少，都先用起来，这就叫渐进式学习。复杂的知识和技能都是很抽象的，需要通过渐进式的学习和应用来逐步内化，并降低学习成本。

在渐进式的学习过程中，我们肯定会线性地增加知识储备和提升技能，这当然是学习的一个重要目的和主要效果。但其实很多人并不知道，当找对了学习对象，渐进地学习了有体系的知识以后，常常会发生更为神奇的事情！

神奇的事情就是：这些过往学习的有体系的知识，终究会由量变引发质变，形成"飞跃"效果。

怎样形象地解释这个现象呢？

我记得小学课本中有篇课文，大意是：

> 某个名人幼年时在私塾里读书，私塾先生天天让他们摇头晃脑地背诵四书五经，但先生却从不讲解所背文章的意思。有一天，那个名人斗胆向先生提问，问所背诵的这些似懂非懂的文章到底是什么意思。先生告诉他，长大后就会知道是什么意思了。

这篇课文所表达的意思，是否定封建时代八股式的教育。但其实我认为，很多知识确实如私塾先生所说，你只有"长大后"才会知道。

我所说的"长大后"并不一定是年龄的增长,而是指在自身能力还很有限的时候,我们确实是没办法真正理解一些复杂知识的,因为对于知识的深度理解,是需要匹配诸多依赖条件的。首先,需要对该知识所属体系本身有全面的了解;其次,对与其相关联的其他知识的理解程度以及自身的实践经历、人生阅历等都是依赖条件,当依赖条件不足的时候,是没办法真正理解这类知识的精髓和肌理的。

所以,当触及一些新知识和技能的时候,起初我们在渐进、线性地理解和实践每一个概念,这个过程非常缓慢和痛苦。

但要知道这个过程是必经的!切记不要因为在这个过程中对所学知识和技能"似懂非懂"就放弃它们。似懂非懂是非常正常的现象,完全不奇怪。

但相信我,当我们所学的有体系的知识积累到一定程度后,总会在某一个时刻,其前后文会真正连贯起来,且随着我们自身条件的匹配,一切会真正融会贯通起来。

在那个时间点上,你会对此前完全不理解或似懂非懂的事物有认知上的飞跃。你会真切感受到一通百通——既能看到这个事物更广阔的面貌,又能理解它的每一寸肌理,会感到豁然开朗。

在那个飞跃的时刻，你或许会彻底推翻过去对某个领域的认识，并建立一套对于你来说更清晰的新认知；抑或你没有推翻和否定过去，但你发现过去你所笃信的知识，其实只是你后面的认知飞跃后的子集和特例。

这种飞跃的状态是我们要追求的，人生真正意义上的认知升级就是伴随着一次又一次的"飞跃"的，它完全抵得上无数次的线性增长。但这样的飞跃不太会出现在我们碎片化的学习之中，而是找对老师，学有体系且困难的知识时才会出现。

当然，我们还要知道学习的过程是渐进的，只有量变积累到一定程度才会产生这样的质变。

第八节
没那么多非黑即白

非黑即白必然囫囵吞枣

很多人面对复杂的事物,其内心的视角往往是"非黑即白""非对即错""非此即彼"的。这种对事物简单化、标签化的视角常常会左右我们的情绪,阻碍我们的独立思考,扰乱我们的立场,让我们易于被煽动,不能理解他人,难以做出正确的决策。

所谓非黑即白地看待问题,就是不去相对全面地看待事物,而是管中窥豹,进而囫囵吞枣,表现出来就常常伴随着三方面的严重错误。

第一方面的错误是,在对事物的评价中,所使用的分类标签的属性过于简单化。诸如对一个事物的评价或黑或白,但实际上这黑与白中间还夹着灰,或许还分深灰和浅灰。而如果只看黑白,无论其中具体程度深浅,我们必然会在很多时候出现差错和误判。

第二方面的错误是,忽略了事物在不同视角下的评价差异。我们在第二章中说过"人有后天视角的盲区",不同视角下对事物的评价是有差异的,甚至是截然不同的。比如一个人在学校学习时成绩差,但做起生意却很厉害;有的国家在某方面很强,在另一方面却很弱。

第三方面的错误就是,忽略了事物在不同立场下的评价差异。比如,符合美国利益的事情,在俄罗斯看来就是有损利益的事;你认为很坏的人,在其他特定的人眼中却很好;你认为难吃的菜,别人认为很好吃。

当我们非黑即白地看待事物时,我们的思维很容易陷入上述错误中,会出现自己都感觉不到的各种混淆,自然就没法看到事物的全貌,也抓不住真正的核心。

当然，在日常工作中遇到问题时，我们需要一个具体的解决方法，所以我们也会有自己的立场和态度。但这样的立场和态度并不应该是由对事物非黑即白的简单观测而得出的，而应该是参照不同的维度和不同视角分析和研判后的结果。

触及事物的本质

《教父》中有一段经典的台词：

> 花半秒钟就看透事物本质的人，和花一辈子都看不清事物本质的人，注定是截然不同的命运。

所谓看清事物的本质，我的理解就是要尽可能抛开事物的外在现象，直击事物原始和客观的样子。

我们日常所谈及和理解的大多数事物都是事物呈现出来的现象，这种现象往往也是一种事实，但它是被建构起来的事实，这些现象确实会从某些角度反映事物的本质，但它并不是事物的本质。

举个例子，一个人恶意杀了人，被警察抓获，大家都认为他是杀人犯，并谴责他是坏人！那么请问，他是杀人犯是不是一个事实?他是坏人是不是一个事实?很显然,这些都是明摆着的事实,但这些事实都是现象,这些现象反映着事物的本质,但它并不是事物的本质。

首先,杀人犯这个表述是在一些特别的范畴下才有的。比如,如果没有法律的范畴,那就自然谈不上他是杀人犯。再者说,他是一个坏人,是在一些伦理道德的范畴下才会说他是坏人,如果是动物世界,那自然就没有这样的道德标准。

如果抛开这些范畴,我们来看事情本身是什么,描述出来就是"一个人致另一个人死亡",其本质实际是这样的。我们可以看到,它不带有任何感性因素,也没有道德与法律的判断,等等。

当然,这只是用一个极端例子来解释现象和本质,而绝不是否定一切现象。我们作为人类,正是因为有很多现象才让我们的生活变得更加丰富多彩,以及安全有规则。

但对于创业做事、创造增量价值来说,我们对待事物就不能只看其现象,只看现象容易陷入我们所说的"非黑即白"中,并且在现实中我们所碰到的大多数事情也并没有触及法律的范畴,也没有绝对公允的道德标准,它没办法用法律或普世道德来判断是非黑白。

所以我们要有观察事物本质的意识和能力。我们要有能力在思想中解构绑定在事物上的各种范畴,去掉外在定义,扪心自问，客观冷静地看待事物本身的样子。

抛掉主观性、片面性和表面性，全面客观地看事物本身，而不是管中窥豹，这样我们会更智慧，也会做出更有力的决策。

脱离非黑即白后的快乐

当我们脱离了非黑即白的视角，观察事物开始有意识地思考和触及其本质的时候，会发现人生仿佛打开了一扇新的窗户。

别人说得对的，我们知道他对在哪里；别人说得不对的，我们也知道他真正错在哪里。社会上的一些热点事件、话题人物，甚至看似主流的声音，我们会更清醒地看待，不会再人云亦云，也很难会盲目崇拜或厌恶某个人或某件事情。

而且自己做选择、做决策也开始真正拥有了主张和理性判断，独立思考不再是一个口号。另外，与他人的相处也会轻松融洽很多，即便不认可对方的很多事情，也能真正站在对方的立场上想问题。

总的来说，避免非黑即白地看待事物，拥有抛开现象看本质的能力，这是一种极强的心智能力。面对复杂的事物，这样的能力会助力我们找准对具体事情的立场。

第九节
人要有坚定的立场

人要有立场

我们要当一个好人。但当"好人"和当"老好人"完全是两码事。老好人不敢也不愿得罪人,对事情的态度或摇摆不定,或左右逢源,或压根没有立场可言。

有一个词语叫"站队",很多人说做人不要站队,我认为在无关痛痒的事情上确实没什么好站队的,比如在微博上吵架,在知乎上当键盘侠,在工作和生活中因为蝇头小利的斗争,这种站队都是浪费生命。但实际在创造增量价值的时候,在要去达成目标的时候,那可就不一样了,我们必须持有立场。

"事物常常不是非黑即白的",我们对事物要有理性分析的态度,抛掉主观性、片面性和表面性,全面客观看事物,但这绝不代表我们不可对事物下结论。

我们要防止那些用"大是大非"的说辞来左右我们独立思考的情况,同时,也要避免因为把"是非"过分虚无化,从而阻碍了事情的落地和问题的解决的情况。我们充分理解事物并非"非黑即白"的初衷,就是为了让我们更准确地选择自己的立场。

事物确实有着是非曲直,但我们的最终目标从来不是去观看事物,不是看热闹!而是需要解决问题,需要实实在在地去搞定事情!在这样的前提下,就必须对一些关键事物有明确且坚定的立场!**有立场才会有观点,有了观点才能找到明确的方法。**

站准立场

当面对不同的立场时,"立场要站对,不能站错"这样的表述可能不太严谨,所以我说,立场要站"准"。

正如两个国家打仗,国家间引发的战争,肯定是各有各的理由,绝不是简单的非黑即白、非对即错。战争的一方肯定也知道另一方的合理之处,但是既然斗争已经展开,军人就必须站准立场,你是本国的军人,不能站到外国的立场上,否则就不要当军人。

假若你作为本国的一名军人，总是在盘算敌方也有合理之处，到了战场上，其他人在厮杀，你却在临场当调解员，你的这个立场就乱了。如果每个人都是这样，那仗还怎么打？而在现实生活和工作中，这样的情况时常发生。

在一家公司里，有一些员工或团队成员，其立场永远是自己的利益第一，自己少干点活、少担点责任当然最好。对于普通员工来说，持这样的立场，其实有他的合理之处，人想活得轻松一点，不能说有什么大错。只是如果总从这个立场出发去思考问题，那其实自身的价值就很难增殖。但一个管理者就不应该站在这样的立场上，而应该旗帜鲜明地站在公司的立场上——工作上有问题就得及时改正，团队整体利益受损就得勇于担责，当分管员工的个人利益和团队利益出现冲突的时候，就得以考虑团队利益为先。如果这个立场都站不准，那还做什么管理？显然这个管理者是不够格的。

同样，一家公司老板的自身立场也得站准，站不准，就做不成大业。我记得有一年，有个老板朋友找我，说他的公司业绩不太好，让我参加他公司的全员大会，看看出了什么问题。这次大会从早上十点开到晚上十二点，各项议程分别由好几个高管宣讲，但宣讲来宣讲去，我感觉都是在极其空洞地打鸡血，抑或是自己感动自己而苦口婆心地说教。

我听得都很厌烦了，而那么多员工坐在下面，开到晚上十点多的时候，大家已经筋疲力尽，但老板还在台上很起劲儿地讲，时而责备团队，时而重念所谓价值观，时而不放心地高谈阔论自己的大愿景。

大会结束已是深夜十二点,老板的司机已在车库就位,老板自顾自地上车回去休息了。雨夜中,公交地铁已停运,一个个筋疲力尽的员工却在深夜集体打车,而那时出租车都很难叫到。

从这样一件小事就可以看出,这个老板的症结在哪里。也是立场没站准,他永远站在自己的立场上,永远站在个人主义的立场上,说的话不管别人能不能接受,反正要吐出来满足个人情绪。

他自己有豪车司机,却不知员工要赶晚上十点钟的公交回家。他自己有豪宅,却不知员工还愁下个月的房租。他洋洋洒洒讲了一天对别人的要求,却一句话没提给员工的福利。他没有真正把员工和自己看成一个整体,没有和员工真正站在一个共同的立场上。

这是很多老板和创业者存在的问题,我称他们为"自私者"。我们这些增量价值的创造者不能成为这样的人,我们必须站在每个成员共同成长的立场上,也许有的员工只顾自己,而不认可这个立场,这是他的问题,但我们不能只站在个人的立场上。

为立场行动是信任的基石

站准了立场,就应该基于该立场所持的观点找到解决问题的方法,然后根据方法去行动甚至斗争!我们必须真正为了立场去行动。

为了立场去行动往往是信任的基石。举个不太恰当的例子，我和小 A 打架，你在旁边看着却不吭声，我想说的是，不好意思，我们永远不会是朋友。你要来拉劝，我们也不一定成为朋友。但如果你支持我，冲上来帮我一起干！这种友谊，有极大概率终生难忘。

当然，这个例子不太恰当，我们实际在选择立场的时候肯定要选择更合理、更符合我们价值观、对大多数人有益的立场。但我想表达的意思就是，很多时候信任度和真友谊是建立在为相同立场去付出实际行动的基础之上的。

没有真正为了立场去行动，那不是真正有立场，那依然是一个自私者或老好人。自私者与老好人是很难有真正的战友的，也很难有真正互信的伙伴。因为自私者选择立场的底层逻辑总以自己的利益为第一，他们会得罪很多人，最终别人也必在关键时候反对他或不支持他。

而老好人则看似谁都不得罪，和气生财，谁都是他的朋友，大家说得都对，实则他是最圆滑的人。这样的人在关键时候，只有他一个人，别人也不会支持他。

我们并非鼓励处处毫无原则的斗争，但现实世界中的竞争不以我们的意志而消失，事物发展的过程中永远会伴随矛盾的存在。要想达成各个工作目标、愿景、使命，需要拥有有信任度的战友一起站在鲜明的立场上去付出行动。

第十节
我们要有方法论

当碰到具体的事情和问题时,我们的内心知道这件事情并不是非黑即白、非对即错、非此即彼的,于是我们要剥开它的种种表象去看清事情及问题本身的样子。

但在创造增量价值的过程中,之所以要看清事情本身的样子,大多数时候并不是因为要对它做客观的学术研究,那是学者做的事;同样,也不是因为要对它做观摩和点评,那是评论家做的事。**我们是实干家,核心是为了实实在在搞定具体的事情或解决具体的问题。**

所谓"搞定事情"或"解决问题",其实就是说,我们要**尽可能去影响事情的发展过程**,从而左右事情的结果。有的时候,事情正朝着我们并不期望的方向发展,这就是我们所说的

"问题"，而解决问题，当然就是要修正事情的发展过程，从而改变事情的发展走向，进而左右事情的结果。

当最终事情的结果符合了我们的预设或预期的时候，就可以说我们搞定了事情或解决了问题。

因为我们对事情的结果是有预期的，这种预期会必然要求我们对事情的判断会具有一定的主观性。我们需要判断事情发展过程和结果对我们的利弊影响，以及价值观是否相符，基于利弊和价值观，便能确立我们的立场，从而基于所持立场的观点再去选择解决问题的方法。

所以对我们来说，之所以要看清楚事情本身的样子，就是为了帮助我们清楚判断事情的利弊，以及判断事情本身是否符合我们的价值观，从而确定立场，根据立场选择方法。

而这其实就是我的一种"底层方法论"。

为什么需要方法论

方法论是什么？简单地说，**方法论就是找寻方法的方法！**

比如，感冒时去医院看病，医生开了某种药，处方上明确写了该药的服用方法，每天什么时间吃、吃几粒、吃到什么时候等。这其实就是告诉我们一种具体的方法，我们听话照做就行。

对于感冒这样的小毛病，我们阅读这种药品的说明书，就能知道更详细的服用方式，比如小孩子感冒吃几粒，孕妇吃几粒，成人在某种症状下吃几粒、在另一种症状下吃几粒。

当我们熟读了这种感冒药的说明书后，可能也就了解了它在各种情况下的服用方法，当家里人或朋友感冒的时候，就能根据不同情况大概知道如何让对方合理服用该感冒药。所以，说明书就类似我们所说的方法论。

网上也有一些人会否定方法论的作用。有人认为"方法论是一种捷径""方法论是一种思维的杠杆""方法论是一种思维的负担"。他们的说法在他们设定的某些情况下不无道理，但还是陷入在非黑即白中。他们在否定方法论的同时，往往都附带了自己的另一种方法论，所以其本质是站不住脚的。并且方法论的作用其实是不需要辩论的，今天一切改造世界的科学技术都是建立在方法论上的。

我们也不要把方法论想成是多么神奇的东西，它们也并非是多么高级的东西。它仅仅就是一种我们做事情的工具，甚至就是一张张说明书。关于工具，我们在第四章"充分运用好工具"一节还会详细讲解。

但我认为这种工具是很重要的，因为它确实可以帮我们为各种事情和各种问题找寻方法的标准，并且它是真长期主义者去做事情的重要根据。一个真长期主义者，之所以能体现出做事情的长期性，一定是他长期遵循了某些根据，而方法论就是这样的根据，当然这个根据也是会持续优化和迭代的，这个后面会详细讲解。

方法论也让寻找方法的标准得以被协作和传递，尤其当我们形成团队以后，碰到问题后不只是一个人去解决，还有组织内的其他成员或者团队共同合力解决。这时候大家应对解决问题的方法有共识，这也是需要方法论的。

方法论有层级

前文介绍了我们提到过的底层方法论。

所谓底层方法论就是那些更抽象、更有概括性的方法论。但方法论其实也是分层级的。既然有底层方法论，就有上层方法论。越底层的方法论越抽象，越上层的方法论越具体。

这就好比一台电脑，电脑的操作系统就是一种底层的东西，底层的操作系统包罗万象，包括各种社交软件、办公软件、游戏软件，等等，而每个不同的软件相比于操作系统来说又更具体了一些，但也有一定的抽象性，也能具备一些具体功能。

方法论也一样，底层方法论较为抽象，很多重要的问题是需要通过底层方法论来找方法的。但是因为底层方法论往往过于抽象，而我们在创业的过程中，要解决的从来不是一两个问题，而是大量的具体问题，这其中包含各种专业性问题。并且有些问题是相似的,有些是部分相似的,有些则是完全不同的。面对这样复杂的情况,我们仅有一些底层方法论是不够的。

如果所有问题都直接通过底层方法论来寻找方法,也并不一定是效率最高的,所以还需要有多种更具体的方法论。再用电脑举例,不能只有操作系统,还需要有多种应用软件协助才能更高效地达到目的。本书第四章第十一节"流量方法论"中介绍了我对"引流"这件事总结的一套方法论,这也是一种相对具体的方法论示范。

形成自己的方法论

创业者会碰到很多共性问题,譬如团队管理、竞争对手、营销推广,等等;在人生中我们也会碰到很多问题,如家庭关系、健康管理、学习成长,等等;我们在各自的领域还会遇到很多专业的问题。

很多事情都有他人总结出来的方法论供我们使用,但对于这些现成的方法论,其实只有一部分适用于我们,另一部分则不一定适用。每个人、每个组织都有其特殊性,事实上并没有完全百分之百通用和普适的方法论,所以我们在使用他人方法论的同时,应根据自身的特性和经验构建属于自己的方法论。

当然这个过程是不容易的，需要大量的实践，需要复盘研究，需要学习已有的优秀方法论，**更主要的是需要有抽象能力。**

所谓抽象能力，就是要有能力把不同事情中的共性抽取、总结出来，形成自己的标准。

一旦形成了自己的方法论，最重要的意义不仅仅是有了一个自己可用的方法论，事实上更是拥有了一种可以持续迭代的"容器"，其会体现出我们独有的优势，这是我们深深的护城河。何为这样的"容器"，我们继续来讲解。

持续迭代方法论

网络上抨击方法论无效的人，他们不是站在长期主义的角度去看问题的。当他们站在短期角度去看的时候，方法论确实可能是思维的负担。

对于要创造增量价值的长期主义者的我们来说，我们之所以需要方法论，而且还需要形成自己的方法论，其原因不仅仅是眼前需要用它来解决问题，而是未来长期都需要它。

因此要知道，所形成的方法论，绝不能是固化的，我们的方法论绝不应该是一成不变的！我们不能一下子就创造出所谓的真理。

应当持续优化、持续迭代我们的方法论，当认识达到新的高度时，我们甚至可以推翻原有的方法论，抑或把原有的方法论变成新方法论的子集。

这一点是非常重要的，如果我们的方法论没办法"升级"，那就等于是一个孤岛，是没法持续指导我们的，也压根是无法发挥出方法论的作用的。

方法论的迭代，源自自身知识和阅历的持续增加，而自身知识和阅历的增加，又反作用于方法论的持续迭代优化上。

所以我在前文中说过，一旦形成了某些自己的方法论，我们不仅有了这个方法论本身，而且还拥有了一个可以持续升级的容器。所谓的容器，就是有一个可以被升级的载体，**方法论作为一种容器和载体，承载和体现我们自身的知识和阅历的增加。**

如同设计一款软件，这款软件不可能一下就达到完美，它要随时间逐步去增加功能和升级版本。很长时间以后，这款软件也许会被打造得非常完美，但前提条件是它要有第一个版本出来。

连第一个版本都没有，那谈不上后面的迭代。方法论也是一样，好歹先得产生出来，有了这个载体，才能承载后面的升级。如果压根没有形成一定的方法论，所谓的成长是没办法被完整体现的。

古今中外成大事者，都是方法论的集大成者。我们大多数人，何尝不是在持续构建和优化属于我们的方法论。

第十一节
诚信靠谱为什么重要

诚信就是言而有信,靠谱就是值得被托付。

诚信靠谱从来都是一种选择。人是有一定自由意志的,每个人对做一件事情都可以自由选择是诚信或是不诚信,是靠谱或是不靠谱。

事实上,我们在工作和生活中肯定碰到过那些不诚信、不靠谱的人。小学生都知道做人要诚信、做事要靠谱,但为什么还有很多成年人会选择不诚信、不靠谱呢?归根结底是由他们的悟性导致的。由于种种原因,他们认为不诚信、不靠谱对他们自身更合算。具体是怎么计算的,我不得而知,但总归是只关注到了一些眼前的东西。

按我的算法，我非常确定地认为：**踏实坚定地做一个诚信靠谱的人，一定最合算**。在我们对自身的要求里，诚信靠谱是非常重要的，不能做到诚信靠谱，是不能创造增量价值的。

此外诚信靠谱，也完全是善良与良知的体现，一个总说假话、总是欺骗别人、总是不能承载别人信任与托付的人，是不可能长期心安理得的。当今社会，当一个人被验证了他是不诚信或不靠谱的人后，那就等同于全面破产，是没人愿意跟他合作的，说不准连飞机高铁都不让他坐了。

此外，诚信靠谱的行为本身会为我们做的事情赋能。

诚信靠谱是底层共识

社会的运转需要各种各样的共识和秩序，而诚信靠谱本身就是一种底层共识和秩序。这个共识是其他诸多共识的基石，没有它，其他诸多共识都无法运行。

若没有诚信靠谱，一切都会变得异常混乱。我们的生活会变得很糟糕，我们的工作会无法开展。

此外，作为一群增量价值的创造者，我们必然会是许多共识和秩序的设计者。在这个角色下，诚信靠谱更为重要，如果没有诚信靠谱，我们自身设计的许多共识和秩序都将是一纸空文。

诚信靠谱是品牌力量。

谁都不喜欢和不诚信、不靠谱的人交往。就连不诚信的人自己也不喜欢和不诚信的人交往，不靠谱的人也不喜欢跟不靠谱的人交往。

人可以让自己不诚信、不靠谱，但几乎所有的人都期望他人能对自己诚信靠谱。**诚信靠谱几乎是每个社会、每种价值观、每种意识形态所鼓励的，它有极强的共识性。**

既然有大量的人和力量都倾向于认可诚信靠谱的人，当我们做到了诚信靠谱时，我们就会拥有诚信靠谱带给我们的品牌力量。

前文说过，我们是需要被更多的力量认同的。而做一个诚信靠谱的好人，确实是能给我们充分背书的。

前文还说过，"为立场去行动"常常是互相信任的基石，因为一个能为立场去行动和斗争的人，本质就是一种诚信和靠谱的极致体现。

信任度有多重要

在日常工作中,领导提拔干部,或者公司里出现的一些重要机会,诸如此类,公司在选人用人的时候你真的以为能力是最重要的吗?我可以说,大多数情况下都不是这样!

排第一位的并不是能力,而是信任度。 请注意,这并不涉及什么官僚主义作风,也不是单纯的任人唯亲,这是一个非常合理且现实的情况,公司对人的信任成本本身就很高,这也是组织的风控需要。

有的人有能力,但信任度不高,公司总会对其有所保留。对于大多数企业来说,人的能力固然重要,其实除了一些专业性较强的技能,大多数业务的门槛并不是那么高,替代方式有很多,而真正难以替代的东西还是信任度。

很多人总觉得自己"怀才不遇",觉得别人能升职都是靠关系。要知道,他们不是靠关系,而是靠信任度。

所以站准立场,为立场行动,言而有信,做一个值得托付的人,这真的会影响命运。

不轻易做出承诺

关于诚信靠谱,我再分享几点在生活和工作中的注意事项。

对他人不要轻易做承诺。说到但没做到的事情,是不是代表着这个人就一定不诚信不靠谱?有时候并不是,如果真的是郑重承诺的事,他确实履行了,但是没达到匹配的结果,就不能说他不诚信。

例如,对于创业者来说,他们常常会有壮阔的愿景,但最终因为多方面的原因未能达成,这并不代表他们是不诚信、不靠谱的。

但这样的事情绝不可以成为常态,成为常态后,他们的信任度就降低了。我们需要求自己,不轻易地对事情做出承诺,**任何事情的关键都是搞定而不是承诺**,每一次承诺都有降低信任度的风险。

不吹牛

吹牛是大忌,是极度不成熟的体现,也会给人留下很不诚信、很不靠谱的印象。

一定不要吹牛皮。我常常见到一些社会"老油条",他们江湖气很重,或满嘴跑火车,或轻佻油腻,他们对什么事情都能有一番"高见",任何事情都能和他的某个很牛的朋友、某个位高权重的亲戚结合起来。这样的人,他的信任度是很低的,但他们自己并无感知。

还有的人,起初让人觉得他们挺靠谱,但与之熟悉之后就会发现他喜欢夸夸其谈,见一次吹一次。每次聊天,都是发表一些捕风捉影的空话,抑或是不负责任的大话。与这样的人接触时间一长,"狐狸尾巴都会露出来"。我通常会很快远离他们,他们毫无信任度可言。

少找借口

靠谱的人就是值得托付的人。既然别人信任你,当托付事情给你的时候,你就应该做实事,做对了就是对了,实在做错了就必须勇于承认,勇于改正,不要找借口。事事找借口的人,信任度会大幅降低。

有的人给自己找各种"保护色",生怕别人看到自己的缺点或缺陷,稍有暴露的时候就感到很不安,就要找各种借口。

以前我在工作中遇到那些善于为各种事情找借口,或埋怨外因条件的人,我都喜欢和他们据理力争,现在不会讲了,因为不值得,同时也不会对他们有较高的信任度。

最后,我想说的是,古今中外,从小到大,不管是家长的教导还是课本里教授的知识,都对诚信有过说教。但是越被说教的"大道理",常常也是越被我们忽视的。

如同本节的描述,我们要真的理解诚信靠谱将是我们的优势,是对我们有极大好处的,不要把诚信靠谱当成一句说教的空话。

诚信靠谱是一个长期坚持的过程,是一个常态化的意识,在这个过程中,我们也许会因此支付大量额外的成本,甚至不被人理解。但**最终你会发现,做诚信靠谱的人是最合算的,别人也会随着时间的验证而发现,跟我们合作更合算。**

第十二节
我的公益观

在本章的最后一节,我要和大家分享一下我个人的公益理念。我本人并非是多大的老板和富豪,但我现在每年都会花数十万元去做公益,我自身若能持续成长,也必然会持续增加我在公益慈善事业上的投入。

捐赠助力残障儿童的"晨星宝贝"计划

2019年刘欣个人捐赠数十万元人民币的助学基金成立

走进贵州残疾人家中进行捐赠帮助

帮助乡村教师和贫困学生

在本书前面的多个章节中提到过：

> 货币不仅可以作为消费金和资本金，还可以作为公益金！作为优秀的人，我们不仅要勤奋和理性，更需要善良！此外，创造增量价值的目标也要求我们能够创造社会价值的增量！

这些都要求我必须能实实在在地为社会做点事情。我也希望自己能成为一个合格的增量价值的实践者，不仅能够在商业上取得成绩，还要为整个社会创造增量价值。

对于增量价值的目标来说，不论是个人还是企业，自然都需要为社会创造价值，但是个人和企业做公益的方式，我认为还是有一些差异的。

企业作为商业机构，我认为其核心使命不应该是去做直接的公益慈善捐赠，那样就和慈善机构没区别了。我认为企业更应该参考长江商学院朱睿教授所倡导的"商业向善"的方式，把对社会有益的事情融入主营业务中，这样更有效率，也更符合企业的核心能力。关于商业向善，前文提到过，本书第四章也会继续提及。

而本节中我所说的主要是个人的公益活动，尤其是我本人作为个体的公益观。目前我个人做公益，以慈善捐赠的方式为主，直接把个人的一部分资产捐赠给社会上需要的人。

当然我并不是鼓励所有朋友此刻就拿出钱去做慈善捐赠，毕竟每个人的情况和所处阶段不一样。我只是把我的理念分享给大家。

其实人总是会死的，中国人经常说"生不带来，死不带去"，人所拥有的物质财富回头看其实都不是自己的，也不是子子孙孙的，都只是由你暂时保管的。

我们个人拥有的钱，归根结底都如下图所示。我们需要消费以满足各种生命需求。我们还要投资，通过正确的投资，投出去并返回更多的钱。但仅有消费和投资，个人财富的闭环还是低级的。

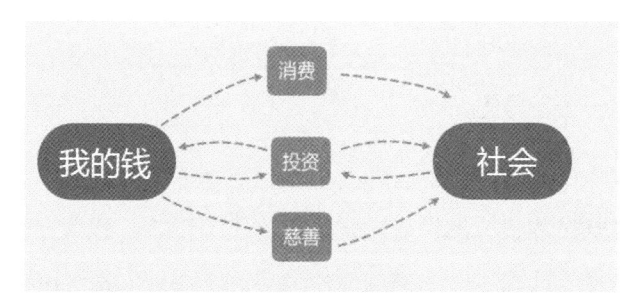

```
                消费
              ↗     ↘
    我的钱 ⇄  投资  ⇄ 社会
              ↘     ↗
                慈善
```

投资是一件能让货币增殖的事情，如果增殖的效率不高，那只能维持一些消费。但如果效率很高，赚钱很多，其实你会发现，**人的消费是很有限的。**

既然人的消费都是有限的，何必非要成为一个只吃不吐的"貔貅"呢？那样容易撑死，有进有出才是大智慧。**而只有把慈善补充进去，才能形成这般良性的活水般的循环系统。**

我还是挺佩服巴菲特的，他一只手做着世界上最赚钱的事情，另一只手把钱捐给慈善基金会，这是一种非常智慧、良性的个人财富生态系统。

我本人也一直试图把自己个人的财富组建成一个良性循环的机器。我期望自己一只手能赚很多钱，另一只手还能按照自己的意志将财富分配给社会，这样的闭环若能形成，人生真是太有意义了。现在我也在尝试，除了每年实际进行慈善捐赠，我个人是有一个个人财富与收入支配模型的。我把个人的资产细分成好几类，个人收入的多少比例用于消费，多少比例用于做怎样的创业或投资，多少比例用于公益慈善，在我的模型中都有详细设定。本书只是简单提及我的模型，未来有机会再对此做深度讲解并在公众号上发布。

我非常期望通过这本书，把这个理念传播给更多的人。也许今天的我们能力还很有限，但若种下这颗种子，或许我们会更容易在未来取得成功。

第四章　组织

- 从小事情到大系统
- 从个人能力到组织能力
- 组织的人才系统
- "土匪"和精英
- 充分运用好工具
- 可复用
- 两张表
- 六板斧
- 成功和失败的原因
- 眼前就得有物可售
- 流量方法论
- 注重商业向善
- 生态位与增量价值

第一节
从小事情到大系统

在本书前文中提到过,我们是要做大事的,这一点是毫无疑问的。但网上有个段子说:"男人得病都是感觉自己能干大事。"

这个段子话糙理不糙,整天只做不落地的规划,不去实实在在落实好小事,那是干不成大事的。当然如果只沉迷于微不足道的小事,不去系统地规划,那也成不了大事。

"大事"这个表述本身也是有问题的。这个世界上哪儿有真正的大事,我们常说的大事,往往都是一个"大系统"。

大系统最终都是由小事所组成的,它们之间是相互联系、相辅相成的。

系统的构成

要做成大事,本质上就是要构建一个大系统,我们必须知道,一个系统是由什么构成的?

所谓"大系统",是由一个个"小系统"或"子系统"整合而成的。**数个小系统之间相互联系、相互作用所形成的整体,就是一个大系统。**

所谓"大"和"小"都是相对的;大系统中包含了小系统,小系统则可能由数个更小的系统构成;而原先的小系统与更小的系统相比就是大系统。

也就是说,一个大系统可能会包含有多个层级关系的小系统,但不管包含多少个层级,**任何一个系统的末端一定有着具体的事物。**比如,一个集团公司是一个大系统,它由数个子公司组成,每个子公司中有许多部门,每个部门下有各个小组,每个小组又有各自具体负责的事情。

正是因为一件件具体的事情,才让小系统得以真实运转,小系统之间的真实运转才最终促成了大系统的运行。

此外,我们还要了解一个概念:**任何一个系统,其整体以外的环境就是外部,系统内的环境就是内部。**而系统的"外部"和"内部"也是相对的。正如一个公司的员工，相对于公司整体来说，整个公司是"内部"，而相对于他所在的部门来说，公司其他部门是"外部"。

能力和目标

不管是大系统，还是小系统，其之所以存在，一定是因为它们各自具备某些目标和能力。如果它毫无目标和能力，那它就不需要存在。而到底何为"能力"呢？**能力的本质就是能够完成某种目标。**

能力和目标也是相辅相成的关系，没有目标就彰显不了能力，而没有能力就无从完成目标。一个大系统需要有它的目标，而构成它的子系统和小系统，既需要继承上一级系统的目标，同时又有自身的目标，而系统末端的事物显然也是为了完成一个目标。

我们常常听说一个企业需要有使命、愿景、价值观。所谓使命、愿景、价值观，本质上也是一种书写目标的格式。我们工作中的每个业务单元有指标，每个个体可能有 KPI、OKR，有周计划、月度计划，这些也都是目标。系统的运转离不开能力和目标。

运行方式

每个大系统、小系统、具体的事情，都是为了完成某种目标而存在的。而一切目标的完成，背后都有同一个底层运行方式，那就是：

吸纳—处理—存储—输出

注意，这是一切系统的本质的底层运行方式。不论是大系统、小系统、子系统，还是具体的事物，其之所以能完成目标，本质上都是基于这种方式的。例如，在一个大系统中，即便是整体上与吸纳环节相关的系统或事物要完成它的目标，其也是完整按照**吸纳—处理—存储—输出**的方式运行的。

所谓吸纳，就是吸纳外部要素。比如，一个大系统需要吸纳外部的人才、吸纳外部的资本、吸纳市场上的客户。人本质上也是一个系统，一个员工要工作，需要吸纳他外部的需求。一个员工要想把工作做出色，就需要吸纳外部的灵感，需要外部调研，等等。

处理，则是把对外吸纳的要素进行整合或改造的过程。

比如，一个大系统吸纳了外部的人才，还需要对其进行培训、培养等。将需要吸纳的技术、吸纳的资本整合成适合本公司的技术等。员工对外吸纳的灵感和需求，也需要经过处理才能变成成果。

存储，则是把处理后的成果变成标准化的、具体化的和可复用化的。

比如，对于在实验室里做出的实验性产品，它们虽然完成了处理过程，但是没有变成标准化的产品。在过往工作中形成的经验，需要存储为流程和 SOP（标准作业程序）。开发完成的软件，需要打包，这些都属于存储的范畴。

输出，则是把存储下来的东西推向外部。

比如，把商品推向外部市场，把已完成的工作交给领导，把开发出来的软件上线，把整理出来的方法和经验对外分享。

吸纳—处理—存储—输出，是完成种种目标的底层方法，所以**吸纳能力、处理能力、存储能力、输出能力就是一个系统应当具备的底层能力**。

普遍联系

系统中的一切要素都是相互联系和相互影响的。系统整体会影响局部，局部也会影响整体，局部和局部之间也会互相影响。并且这种关联和影响，尤其会体现在系统的能力和目标上。

比如，子系统的能力会影响整体，也会影响其他子系统。再比如其吸纳能力、处理能力和存储能力，以及输出能力。反之也一样。

对于一个公司来说，公司整体的能力关联着每个部门、每个人和每件具体事情。而每个部门、每个人、每件具体事情的能力和目标，影响着公司的整体能力和目标，也影响着其他部门和其他同事。

以终为始

当真正理解了何为系统，理解了系统的构成、能力目标、运行方式，以及系统内的普遍关联性时，我们才会真正理解现在常说的一个词语——以终为始。

所谓的"终"并不是一个孤立的事物，它本质上是由一砖一瓦构建起来的大系统、大体系。而到达终点的过程，也会由一个个阶段组成，每个阶段中又有一个个小阶段，每个小阶段中又有一件件小事情。

要提升吸纳能力、处理能力、存储能力、输出能力，要先在每一件小事情上彰显，把每一件小事情融合成一个具备相应能力的小系统、小齿轮，最终才能将一个个相互关联、相互影响的小齿轮整合成大系统。

第二节
从个人能力到组织能力

个人能力太有限

上大学的时候,我创业开了第一家公司,开公司就意味着要组建团队,团队就是一个组织。在开始组建团队的时候,我非常痛苦,并且这种痛苦延续了很多年,因为我总觉得是团队成员不行,要么是能力不行,要么是态度不行,而有时是能力和态度都不行。

我认为自己是一个个人能力较强的人。高三开始，我独自在互联网上运营网站，是当时比较知名的草根站长。那时候互联网上的"小微创业者"都被称为"草根站长"，所谓草根站长就是，一个人经营好多个网站，以网站流量来获得收入，有点类似在抖音、小红书上做号的自媒体。关于这段经历，我在25岁时就写过一本书，叫《刘大猫的财富之旅》，感兴趣的朋友可以在网上免费阅读。

当草根站长这段经历，让我对互联网的各个业务线都比较熟悉，从运营、产品、技术、商务 BD 到品牌建设，我能一个人搞定。既能写书做内容，也能编程写前后端代码；既能谈商务，也能用各种软件修图做视频；既能做产品原型，也能运维。我封自己是"全栈创业者"。

很多次当我让团队中的人做各种事情的时候，结果我都不满意。对团队不满意怎么办呢？只能自己干！我曾经一度认为，带团队是一件荒唐的事情，我有带团队的时间、指导别人去做某件事情的时间，自己三下五除二早就做好了。

但是久而久之，我发现这是有大问题的！随着业务的增长，我越做越累，可以说是疲于奔命。个人能力的"天花板"越来越明显，自己的时间和精力不够。正如第一章中说过的，个人的劳动时间再怎么增加，也是有限的。我自己再牛，也不可能把一天 24 小时都用于工作。

那时候的我就是一个完全没有战友的人，身边的人都没有获得真正的成长，我仿佛永远都是一个"个体户"，这让我陷入恶性循环。

我逐渐想明白了，若一切事情都依靠个人能力，而不去培养团队，就永远不会拥有一个有战斗力的团队，这绝不是长久之计。

所以我告诉自己，我必须拥有团队，拥有组织！**我花费再多心血也必须真正完成由个人能力向组织能力的破局！必须把能力建到组织上！**

何为组织

最初，我从一名个人草根创业者成长到想要创建一个团队组织的时候，我对组织的理解是比较简单的，我认为开个公司就可以有更多人帮我分担更多的事情。说白了，我当老板，我开工资，理应雇一堆伙计来帮我赚钱。这看似是公司这种"组织"存在的意义，但其实这只是我个人的一种很初级的诉求，在这样的诉求下是不可能真正建立起强有力的组织的。

随着自身的成长，我渐渐理解了组织到底是什么。

我们所说的组织当然不是生物学层面的器官组织，我们所说的组织首先它在物理层面上由"人"构成，此外，它也是我们前文所说的"系统"，所以它也由各种子系统、小系统、具体事物构成。它有相应的能力和目标。它的运行方式也是吸纳—处理—存储—输出。它内部的一切要素都是普遍关联的。

但它与其他的系统是有本质区别的。

一台实体电脑是一个系统，其中有内存、硬盘、CPU 等。一辆汽车也是一个系统，由轮胎、制动系统、发动机、电源等构成。它们都符合系统的特点，但它们并不是真正的智能系统。

何为智能？电脑和智能手机不是真的智能，现在的人工智能也不是真的智能，它们都只是人类组织发明出来的系统，这些系统本质上还是受人的操控，受人的欲望支配。

真正的智能体现在何处？体现在：自有求生欲，以及自己能给自己制定目标！

电脑、智能手机、机器人，它们自己没有求生欲，它们不会在意自己有没有电，也无所谓自己是否会被扔到河里去；高级的机器人自己能给自己发送一部分指令，但它本质的目标不是它自身决定的，而是外部的操控者决定的。

而组织这个特殊的系统，却和电脑、智能手机、机器人在这点上有着本质的不同。因为构成组织的物理要素是人，所以组织是一个真正意义上的智能系统。

组织本质上不是由外部程序员来控制的，即便是一个组织的老板，他也不应该是一个外在的程序员，他是组织中的一部分。

组织自身就有求生欲，它的生命长度是由它自身决定的。它害怕死亡和消失，它必须保证它能健在，能运行下去！并且一个组织，包括"活下去"在内的一切目标，都是其自身的要求！

所以到底何为组织，我现在的理解就是：能够自主活下去并自主制定目标的特殊系统。

组织能力

前面我说了我在创业之初的困惑，究竟如何把个人能力建到组织上去，对此我们还得先详细说说组织能力。

组织能力代表该组织本身所具备的能力。 注意，组织能力中的"组织"一词是名词，而不是动词，不是类似"组织一场活动"中的"组织"。

我们在上一节中说过，要谈能力，就必须有目标！若没有目标，就谈不上能力；没有能力，也完成不了目标。

所以组织能力，其实也就是组织完成各项目标的能力！并且，我们已经确定了组织是有求生欲的，组织必须是自己希望自己能活下去的。由此我们就得出了，"让自己活下去"就是一个组织的底层目标！

我们在第二章"建构优秀的组织"一节中说过，一个优秀的组织要具备组织自身能持续进钱，组织优秀成员获得超额收益，组织做的事情对社会持续有益这三个特征。这是一个创造增量价值的组织对自身的要求，组织在让自己活下去的基础上，还要有能力完成这些目标，并且要把这些大目标分解成更多可执行的具体目标。

组织完成这些目标的能力，就是组织能力的体现。

要完成这些目标，总体方式是怎样的呢？我们依照上一节中的介绍，因为组织是一种系统，所以组织完成目标的方式也是**吸纳—处理—存储—输出**。无论一个组织是要让自己活下去，还是要更进一步地创造增量价值，都需要吸纳—处理—存储—输出。

所以组织能力分解开来就是：组织的吸纳能力、处理能力、存储能力、输出能力。

我最近看了华为公司举办的"2021年年度报告发布会"，华为高管孟晚舟女士在发布会上说了一段话，大意如下：

> 华为的最大财富是人才存储、思想存储、理论存储、工程存储和方法存储,以及我们内部流程管理的高效有序的存储!

很显然,在华为这个组织中,他们存储了相当雄厚的人才、思想、理论、工程、方法等。这些要素让华为这个组织拥有了更强劲的对外吸纳能力。2021年华为净利润创历史新高,吸纳了1137亿元的净利润。而我们说过,资本的本质是一种权力,当这个组织存储了足够强大的力量时,它必然能研发并储备更强劲的商品,输出到市场后,它便能吸纳更多的人才及获得更多的利润。如此正向地循环往复,其组织系统自身会不断强健。

我们说过,一个系统内的各个因素都有普遍的关联性,所以当一个组织整体越发强健的时候,组织内的各个单元,以及组织成员的个体能力在组织内会被放大。这就是我们说的 1+1>2,这也是增量价值得以实现的重要原理。

比如一个华为员工,他在华为这个组织中能创造很大的价值,但若将华为的人挖到自己的企业中则不一定能起到很大的作用,这是因为你的企业没有那么强的处理能力、存储能力和输出能力。

忘我

当把个人能力建到组织上时,组织能力会得到强化,而个人也会因为与组织的联系而发挥出更大的价值。

把个人能力建到组织上的关键点到底是什么呢?我认为是**忘我**!

不管组织中的何种角色,管理者、员工还是老板本人,但凡想把个人能力建到组织上,并且收获组织与自身的相互赋能,就必须做到"忘我"。

所谓的忘我,绝不是要泯灭个性和牺牲个人权利,而是要真正地理解自己和组织是一个整体。理解自己及自己所做的事情都不是孤立的,是一定会与组织内的其他组成部分相互联系的。一定要用普遍联系的视角来看待我们和组织的关系。

最不能做到忘我的,往往不是员工,而是公司的老板!很多公司老板都希望员工能"忘我地工作",但却自觉不自觉地认为自己是凌驾于组织之上的,这种心态非常糟糕。

老板及管理层必须首先明确地知道,自己是系统整体中的一部分,自己与组织中的其他组成部分是相互联系、相互影响的。如果总认为自己是凌驾于组织之上的"总设计师",是有上帝视角的"总操控者",那这就是"个体户"思维,这样的组织本身就如同一辆绿皮火车,其动力是非常弱的。

如我在创业早期,总感觉团队不给力,总感觉是我一个人在战斗,这是由多种原因造成,但主要原因是我没有做到忘我。

我天真地认为我有指导别人做事情的时间,自己三下五除二早就做好了,而我不知道组织中的人力工作本身也是一个系统性的工作,包含完整的吸纳—处理—存储—输出的流程,我们在下一节会做详细讲解。而我当年根本就没有认真去做这些操作,把自己和团队其他人孤立起来看待,没有认识到自己和团队成员需要相互联系。

在开始创业的时候,往往因为整个组织很小,所以组织能力可能确实无限接近创始人的个人能力,确实需要创始人主导发挥各方面的能力。但要让组织能力得到提升,必须让组织中的每个小系统、每个成员在其中释放自身的吸纳能力、处理能力、存储能力和输出能力,从而达到组织自身的自我进化与自我强化。**这就需要忘我地带好组织、带好团队。**

这本身是一件困难且成本极高的事情,但它的边际成本却非常低。当真正把团队带好,让组织开始具备各项能力的时候,组织的成长速度就会越来越快,直至一骑绝尘。**组织自身会逐步形成完整的、各方面的吸纳、处理、存储与输出能力!**

第三节
组织的人才系统

筛选战友

要时刻牢记我们在"建构优秀的组织"一节中明确过的那些能创造增量价值的组织所应该具备的特征,这是我们的组织努力的方向:

(1)组织自身能持续进钱。

(2)组织内优秀成员获得超额收益。

（3）组织做的事情对社会持续有益。

当今的用工成本极高，优秀的人是组织的资产，而不优秀的人则是组织的巨额成本。如果不能筛掉不优秀的人，我们的组织就会产生不必要的巨大成本。

今天大量的企业，尤其是互联网企业，之所以破产倒闭，其直接原因常常是巨额的人力成本。这种人力上的消耗会严重破坏我们的组织能力。

所以一个追求创造增量价值的优秀组织，必须包含一套完整的"人才系统"，这个人才系统的作用就是**给我们的组织持续输出优秀的"战友"。**

所谓的战友，就是已经积累了充分的信任度、默契度的同行者；大家彼此信任，合作起来心有灵犀，这种关系通常是一起经历过充分的合作与实战后形成的。

所谓"优秀"，我们在"优秀的同行者"一节中也明确了他们的画像，他们是勤奋、理性、善良的人。现阶段的我们，并不一定要奢求所谓的业务顶尖牛人，我们主要需要优秀的人。

但我们要知道，如果组织中的"人才系统"有问题，即便是优秀的人也不一定能成为我们的战友！

人才系统，既然被称为系统，其内在整体上也同样是以吸纳—处理—存储—输出的方式运行的。

吸纳人才很好理解，就是通过各种方式把人才吸引过来。

吸纳过来的人才，我们要花时间和成本去培养、指导、实训，让他们熟悉我们的业务，认同我们的逻辑和价值观，这个过程自然就是一个处理过程。

当人才真正认同了组织，开始创造价值时，我们要把人才的智慧和方法形成可复用的东西存储下来，并且大家会因此具备信任度和默契度，这自然也完成了对人才本身的存储。

完成了这一切后，自然就为组织输出了战友，战友会在各个业务战线上为组织创造价值，这样组织的人才系统就完成了一次闭环。

组织自身在构建好人才系统的同时也要充分地知道，人有天性的差异、有后天形成的视角，也会有不同的立场，并不是所有的人才都能够适合组织。

所以在人才系统的各个环节上都要有一个贯穿其中的重要事情：**筛选**！

样本量要足够多

要找到符合我们标准的人，一定是需要筛选的。不要觉得碰到一个人，就可能恰好是适合我们的人，这样的概率不大。

要更好地筛选人，样本数量自然越多越好，要尽可能地在足够多的候选者中去寻找合适的人，这样才会有更大的概率找到我们需要的人。

公司需要吸纳人才，现在一般公司招人，最常见的渠道就是招聘渠道，招聘渠道我们当然要用好用透。很多创业公司在招人时是比较草率的，发一个招聘广告，没面试几个人，了解也不充分，就急忙录用。

而我的公司的 HR 是比较辛苦的。我们在招聘环节中要求百里挑一，招一个人加入团队，要花大量时间在大量简历中进行筛选以及做大量面试。虽然我不认为简历和面试能代表一个人的全部能力，但通过初筛、沟通交流，至少能对应聘者进行一个直观上的比较。

现在的很多招聘网站都是社交化的，不仅限于 HR 可以看简历，老板、各部门的领导都可以开设账号，所以对于一些关键的岗位，我也是自己开设招聘网站账号去深入沟通。我会在招聘广告中设置我们关注的一些问题，并说明：如果需投递简历，必须先在网上对我列出的问题做出回答。我们会根据回答问题的质量再去深入沟通交流，这也是筛选应聘者的一种重要方法。如果问题回答得很草率，或都没看清需先回答问题的招聘要求就投递简历，这样的人基本就可以先筛掉了。

我在这方面是愿意花费大量时间的，我也建议每一个创业公司，要在招聘人才上花费时间，企业用人的成本是极其高昂的，必须在能力范围内把工作做细。经过我的实践，我可以负责地说，在招聘环节上投入的心思越多，找到的人的素质和能力越高。

此外，除了招聘渠道，我们还开辟了多种找人渠道。其实找人这件事情，最适合的人是他已经对团队有一定的认知基础或信任基础。

我平时有写公众号的习惯，我的公众号上记录了很多个人的思想和输出；我也出版过图书、建立过社群。我的读者及我的社群成员，他们都是对我和我的团队有一定认知基础和信任基础的。并且他们能够去读书，能够参与社群的学习，他们往往都是对自己有一定要求的人，这也是我们找人的一个很重要的渠道。

现在，我的团队中有数名骨干都来自我的社群和自媒体渠道。我相信当《增量价值》这本书问世以后，又会有很多新的读者，在他们对本书的主旨和思想有一定认识和了解后，一定也有一部分人会有机会和我在一起工作。

所以如果平时能养成热爱输出、热爱分享的习惯，那么对我们是有多种益处的，有条件的同学不妨也尝试一下。

此外，跨部门筛选也是至关重要的。我个人认为我们做事，最好有一部分业务或部门是人员密集型的，并且要确保这块业务中其密集的人员能够自行覆盖掉人力成本。

人员密集型的业务，哪怕赚不了多少钱，哪怕是大家自给自足都很有意义。

比较合适的就是销售部门。首先，销售人员的薪资发放主要以销售提成为主，做出业绩的人有更多收入，不存在巨额的固定成本支出。其次，销售部门必然是以明确的销售业绩作为考核标准的，做事情是否有能力，是否有动力，对组织是否认同，是非常易于评估的。

在创业阶段，能把一件事情做好的人，往往做其他事情也不会太差，如优秀拔尖的销售人员。只要他有意愿，我们可以把他往业务和管理方向上培养，可以把他列为"储备干部"，他做其他工作出色的概率会很大。

上述都是我们的人才筛选方法，且验证过是非常实用和有效的，主要是要去大幅度扩充能触达和验证的样本数量。当然，一个组织内的各个构成要素都是普遍联系的,如果我们本身因为强劲的能力而变成一家知名企业,那自然会更容易地触达更多的人。

储备干部

我的团队中设立了一个"储备干部委员会"。储备干部委员会类似内部的"读书会"+"商业院"。每六个月为一届,我们会把整个团队中拔尖的同学输送进去。

在"储备干部委员会"中,每个人都是平等的同学关系,大家一起读书、学习、运动,一起拓宽视野、学习管理、学习新技能、参访其他企业和团队,等等。这个储备干部委员会,既能培养大家的新能力,又能加深大家的了解、加深伙伴间的信任度。而当有新项目、新专项、新业务要去拓展的时候,我们会在储备干部委员会的成员中选择合适的人去完成。

储备干部委员会是我们内部培养人才的平行架构,它承担了一部分培养人才、存储人才、输出人才的功能,同时对团队成员来说也是让优秀的同事获得"超额收益"的一种方式。因为优秀的人从来都是对自己有要求的,有一个让他们成长的平台,自然是他们非常乐于接受的"超额收益"。

借假修真

除了日常的培训指导人才和储备干部以外，我们深信，最重要的培养战友的方式，一定是在实战中一起奋斗，一起努力，一起打仗。这样才能真正成为战友，才能有最真实的凝聚力！

所以我们需要"借假修真"。借假修真也是阿里巴巴公司创业时常用的一个词语，我学到以后也用到了我们的组织中。

何为借假修真？简单地说，我们眼下要去攻占一个小山头，攻占成功是眼前的目的，但不是最终的目的，这只是为了眼前的粮草，同时修炼自己，培养队伍，筛选战友！小山头是否能攻下来，不是最重要的，团队在这个过程中有所成长，战斗力有所提升，才是最重要、最有意义的。

在一件件小事情的修炼中，既能凝聚信任、提高能力，同时也能最清晰地看到谁是值得信任的，谁是有能力的。

所以在工作中，我们要有意识地持续制定目标明确的"战役"，所谓战役也就是本章后面"两张表"和"六板斧"两节中重点讲解的项目。我们要把一个个具体的工作小目标汇集到一场项目战役中，动员好团队，大家在一段时间内携手奋进，努力打赢战役。

我们所制定的每一场战役不是"躺平"就能完成的，也绝不是高不可攀的，而是努力才能达到的。

当一个团队经过努力取得胜利后，团队的凝聚力会持续升华。打胜仗才是最好的团建，比团队去旅游、去吃吃喝喝等的团建形式更有意义。

对大多数人负责

团队一定要建立活水般的人员流动机制，在一次次战役中表现出非凡能力的人应该在这个体系里获得超额收益。而处于末位的，不能创造增量价值的人应该有明确的熵减机制。

我见过很多机制老化的企业，他们的人才体系固化，没有流动，老板往往自认为这是"对社会负责"，给大家提供了"铁饭碗"。但这样人才固化的组织，优秀的人在其中无法创造增量价值，劣币驱逐良币的情况是常态。最终，固化的人才体系会把团队和企业变成一潭死水。

为了创造增量价值，需要设计组织的考核模型、评价模型，以进行人才持续筛选。我们要通过考核工具客观地评价每一个人。

不要害怕变化，不符合组织要求的人，应该做熵减。我不是鼓励裁员，也不是不愿意承担社会责任，但我们要承认，作为初期、脆弱、资源有限的组织,我们确实没有能力对所有人负责。

既然是筛选人才,就一定有人要被"筛"掉。在这个过程中,自然会面临种种的不理解,种种的非议,甚至会被一些人扣上道德层面的大帽子。

比如淘汰一些人的时候,有人会出于感情因素而不理解,社会和舆论也常常不理解,并且这也确实不符合一些人的利益。

对此我想说,首先我们必须充分履行社会责任,合法合规、合良知,创业做事情,该承担的社会责任必须承担。

但也必须用全部的力量来保证组织活下去,维护创业团队的生命力,保障团队中大多数人的利益。

与我们价值观、岗位能力要求不一致的人,如果存在于组织中,那对其他人是不公平的。

创业团队是脆弱的,面临巨大的成本开销,对于新经济企业来说,人力成本又是主要成本,如果这些不控制好,那么组织就会走向衰亡。

人才流动就是组织的要求,但创业者个人可能会被指责,但无论别人怎么说,无论别人如何看,这是必须坚持的。

组织自身要面临无数的竞争才能活下来,因此组织内部也必须有竞争机制,在竞争中合作,在合作中竞争。对大多数人负责,没有错,也不会错,不要怕不理解的人说我们错,要努力筛选出能在未来一起走很多年的战友!

第四节
"土匪"和精英

创造增量价值的组织一定是需要对外竞争的,要竞争就必有竞争对手。竞争对手也属于我们前文所说的"敌人",他们没什么可怕的,他们是倒逼我们成长的力量,没有他们,我们的成绩就不可能被最终彰显。

最终能战胜竞争对手说明我们在某方面的力量超过了对方,终究都是实力的抗衡。由此我们说过,我们必须充分认清自己,认清自己所处的位置和所在的阶段,认清我们现阶段的力量和水平。

对于大多数创业型组织来说，现阶段的粮草没那么充足，资源也有限，因此在各个行业、各个赛道上多少都有比我们强劲的对手。

但我们是真长期主义者，真长期主义者知道要用短期的迂回来换取长期的成功。虽然眼下我们有劣势，但也要看到我们独特的优势。

常见的两种对手

竞争对手主要分成两种人。

古今中外，各行各业，都有所谓的**精英阶层**。所谓的精英是指那些在意识形态、文化观念、道德标准等上层建筑层面表现得较为强势的个体或群体组织。

在所谓的精英人群中，并不一定都具备经济基础，他们中有一部分人是掌握一定社会资源和经济基础的"真精英"，还有一部分人则是其附庸品、追随者。他们要为精英服务，所以形态上也像精英，所谓形态是指他们的衣着打扮、思维方式、作风谈吐，但实际上他们并不掌握什么社会资源和经济基础，仅仅是"伪精英"。

不管是真精英，还是伪精英，他们都看似"主流"。他们有强势的地方、有优点，但也有弱点和缺陷。

这个社会中还有另外一种人，他们与精英刚好相反。他们路子很野，不按常理出牌，不顾精英阶层设定的种种标准，也不懂所谓主流的面具。说白了，他们是野蛮人，社会认同度不高，头脑简单四肢发达，但灵活、胆大、做事有效率。我称这类人为"土匪"。

精英和"土匪"，其思维逻辑不同、行为不同、语言体系也完全不一样，因此他们很难团结在一起。

我们的对手，大多数都是上述两种人。我们不要惧怕他们，他们也许眼前占据的经济基础比我们多一些，或者路子走得狠一点，但我们的路线是优于他们的。

如何与他们竞争

在我过往的经历中，我至少目睹并经历过四家估值超过十亿美元的独角兽公司轰然倒下，我认为它们的失败是因为在精英路线和"土匪"路线的选择上出现了问题。

其中一家公司是我大学毕业后就职过的独角兽电商公司，我在这家公司学到了很多东西，它可以说是我在互联网商业上的启蒙老师。

这家公司的创始人早年和我一样是草根站长，他起步时的互联网运营模式和路子非常野，做流量的水平是真的牛，是国内早期的腾讯开放平台开发者。公司产品矩阵的流量极大。流量多、赚钱也多，当时他把"9块9包邮"这种电商形态做到了极致，各种裂变、各种出神入化的运营方式极其灵活。在那个阶段，这家公司可以说就是互联网商业的"大土匪"，有时候一天就能赚上百万元。

创始人是名校毕业的，很快意识到公司是要成长的，不应该局限于做这种倒腾些流量、赚点钱，却搬不上台面的商业模式。

于是公司开始向平台化转型，并且进入资本市场。资本市场对该公司还是非常认可的，资金很快从 A 轮融到 C 轮，连国内第一的巨头互联网公司都对其进行了投资，其他股东也基本都是国内顶尖的投资机构。

公司账户上有钱了，创始人却完全忘记了初心，一心要走非黑即白的"高大上"路线，把大量的钱拿去做所谓的"品牌营销"，请明星代言，在各大卫视"烧"广告费，聘请了各种各样履历光鲜、价格不菲的伪精英来公司做 PPT。完全放弃了从前具备的那些"土匪"的优点,只认精英模式,过去赚钱的业务也一个不留,老板认为这是有魄力的转型。

我当时给公司写了一封长长的邮件,详细阐述了我们应该两手抓,两手都要硬。品牌的"高大上"之路要走,但还得牢牢守住核心的流量裂变能力,这是起家的关键,公司有这样的基因,不应丢失。

但可能是资本的要求,并且人有钱以后常常会犯一些偏执的错误。最终公司与我认同的方向背道而驰,我便离开了,没过两年公司就干不下去了。一艘独角兽巨轮就此沉没。

这是一个很大的教训,其实这样的事情在很多公司都发生过,究其原因就是没有摆正自己的位置。我们应站在精英和"土匪"两者之间,吸纳他们各自的优点,而他们的病症我们不能有。不仅不能有他们的病症,还要抓住他们的病症的弱点去和他们竞争,这样最终赢的必然是我们!

当遭遇"土匪"式的对手时,我们要在他们处于劣势的方面发力。他们做事情没体系、没战略,那我们就要有战略、有体系,还要重管理、重组织,更要讲规则、重信誉,用充分的合法合规性保护自己,同时用先进的技术工具和思想工具来武装自己。

我们的社会认同度比"土匪"高,我们要在社会舆论、品牌塑造、对外形象上与他们充分博弈,这是他们的核心弱势。

我们要让公众、用户、官方都更认可与信任我们。此外，因为我们能理解精英的思维方式，所以在合作伙伴中也能团结一部分社会精英来支持我们。

而当我们要对付那些精英对手的时候，则要比他们更接地气，做事更快更灵活、成本更低。我们要紧抓事情的本质，抓住事情的关键核心不放松。

在做事的过程中，不管是事情的内在还是表面，**我们都要常常去做突破式的创新，部分精英和伪精英们最害怕、最跟不上，也最不擅长的事情就是创新！**

并且不能完全依赖某一个范式，任何一个不合理的模式和范式，只要被我们发现，应随时将它打破和推翻。

因为我们能理解"土匪"的逻辑，所以可以团结一部分"土匪"，只要这个"土匪"是勤奋、理性、善良的，那就有团结的必要。

二者兼具

我们要成为精英中的"土匪"，或者"土匪"中的精英。这不仅用于和他们竞争，也是我们日常做事应有的作风。

所谓"精英中的土匪"，就是那些从主流培养体系中走出来的兼具"土匪"优点的人。他们是精英但又是一种特殊的"土匪"，相对一般"土匪"来说，他们对社会主流的行事风格极为了解，做事有战略、有章法、有体系、有动员能力、有方法论，甚至还有主流的精英会给他们背书。

所谓"土匪中的精英"，就是那些从草根中走出来的兼具精英优点的人。他们是"土匪"，但又是一种特殊的精英，相对一般精英来说，他们更加接地气，情理并重，细枝末节的漏洞被他们抓得清清楚楚，并且处理事情更灵活，不被拘泥，通晓"土匪"的语言和逻辑，能够充分团结"土匪"。

不管是"精英中的土匪"，还是"土匪中的精英"，他们都有独特的跨维度能力。他们兼具了精英和"土匪"的优点，又具备了精英和"土匪"各自不具备的因素，具备了这样的能力，就可以上下通吃。

古时候，能造反成功的一般是两种人，一种是皇帝身边有匪气的重臣，封疆大吏，还有一种就是那些读过书，要建大系统，有文化有大志的"土匪"。

那些庙堂之上的，以及山里的匹夫大王是影响不了大局的。要时刻牢记这个理念，这将是我们重要的武器！

第五节
充分运用好工具

在"认识商品"一节中说过"劳动资料"这一概念,好的工具就是我们的劳动资料,劳动资料是创造价值的要素,也是创造增量价值的要素。

技术工具和思想工具

我把工具分为两种,一种叫"技术工具",一种叫"思想工具"。这两种工具我们都得用。

所谓技术工具，它在形态上是具体的，常常是肉眼能看到或者能触摸到的工具。一种技术工具的诞生往往来源于一种思想，从而被构造出来，所以每一种技术工具都有一种或多种操作方法。但对于每一种技术工具，它本身是开放的，是没有立场的。

一把锄头是技术工具，一款软件也是技术工具，一门语言是技术工具，一门编程语言也是技术工具。所谓没有立场，以编程语言这种技术工具为例，用户可以使用这门编程语言写各种各样的程序，可以用它做一个购物网站，也可能将它写成计算机病毒。有时候，一种技术工具看似也能被赋予"思想"，但其实这只是其发明者或用户的思想，并不是技术工具本身的思想。

与技术工具对应的就是思想工具。"思想工具"和"思想"是不同的，每个人都有思想，但每个人各自的思想，或者在某个领域中的思想不一定成体系、不一定全面。而"思想工具"则是已经被工具化的思想，能够让我们站在巨人的肩膀上、让我们使用别人总结出来的成体系的思想。

思想工具在思想上是具体的，是有立场的，这种立场体现在对事物的运行规律的描述、价值观、目标，以及与之对应的方法上。

总的来说，技术工具是表达**思想工具**的**载体**，思想工具可以**指导我们如何更深入地使用具体的技术工具**，但思想工具的本质是**指导我们如何使用技术工具去达到我们的目的**。

技术工具和思想工具两者是相辅相成的，只研究技术工具具有局限性，要使用技术工具达到更高的目标，必须有相应的思想工具。比如一个普通程序员，他钻研技术工具，纵使他的技术再娴熟，本质上做的也就是人机翻译的工作。而雷军也曾是一个程序员，但雷军能达到如今的事业高度，他关注的不再是技术工具，而是内化了或形成了自身的企业战略以及经营发展的思想工具。

有的程序员可能对此很不屑，他认为自己不需要成为雷军那样的人，只需成为一个技术领域的专家，因此只需潜心研究技术工具就行。而事实上，前文已经说过，其实如果我们需要更深入地研究如何使用技术工具，也是需要思想工具的。这也是为什么普通程序员和技术大牛之间存在区别。很多普通程序员思路单一，技术大牛思路与眼界开阔，了解和熟悉更多的编程范式。

当然只有思想工具，而没有技术工具也是有局限性的。只会纸上谈兵，没有载体，没有技术工具，那思想工具的落实就是空的。

好工具的成本

有一个神奇的现象,我们普通人能使用的好工具,无论是技术工具还是思想工具,都是不要钱的,或者说经济成本并不高昂。

比如很多作为技术工具的编程语言、开源软件、系统,都是免费的。而好的思想工具也一样,一些即便是大师的思想工具,可能以一本书的价格就能获得。

我在创业的整个过程中,工具赋予我太多的能力。在创业的早期,没有技术,没有资金,做的网站或 App,用的都是现成的开源代码,给我节省了大量成本,它们就是我最初的劳动资料。但不要钱的工具不代表没有其他成本,比如学习成本就很高。

任何工具,本身都是一个外部的事物,当我们要真正驾驭它的时候,需要内化它们,需要将其变成自己的一部分。而这个过程是有巨大学习成本的,是需要花费时间和精力去刻意练习和实践的。正如我们学英语,需要刻意地背单词、背文章,同时还需要敢于开口去说,并在生活中随时随地地使用起来。

而思想工具也一样，如我们这本《增量价值》，它是我的一个思想工具，作为读者的你，有的章节你阅读起来会觉得挺有意思，但你可能没有真正厘清其中的一些细节逻辑，也未能在生活与工作中去真正实践它，这时候它其实未能被你内化，对你的帮助和指导是非常有限的，正所谓"读了那么多书也依然过不好这一生"。

在第三章提到过一些学习的思路和方法，大家应该结合起来阅读。本节要重点说的是，因为把一个工具内化成自己的一部分，其成本是比较高的，所以这也是需要组织的原因。组织中不同的人，可能掌握不同的技术工具的操作方法，从而让组织本身拥有更强大的能力。此外，组织需要有统一的思想工具来指导我们的工作，这样不同的技术工具才能围绕组织统一的立场来创造增量价值。

当然也有一些工具，它们的学习门槛没有那么高，但其经济成本较高，在必要的时候组织也需要投入这些成本，以让组织使用并内化这些工具，比如组织内的协作工具、效率工具、管理工具等。

但其实，当经验和能力达到一定程度的时候，我们有必要研发适合我们自身的技术工具和思想工具。

技术工具和思想工具的相辅相成也体现在此，技术工具的发明创造必然源自一定的思想工具，而新的技术工具又会帮助创造者和使用者达到新的目标,从而又会催生出新的思想从而制造出新的思想工具。

在组织中,起初我们使用的是别人创造的工具,但随着自身的发展,我们所使用的思想工具被我们优化,这时候就需要创造更适合自己的技术工具,如此循环往复,我们的组织才会越发有力量。

关注和改造工作流

接下来说说现阶段在工作中,哪些地方是尤其需要选择好的工具来为我们赋能的。

我认为,应仔细观察在我们的团队和自身的工作中,各环节的工作流程的情况。

工作中到底有**哪些高频的、常发生的事情**,这些事情如果还在使用烦琐的传统工作方式进行,那应去找相应的工具来改进或替代。

比如我在写这本书的时候，因为是高频码字，有很多常用的需求，为了能够更高效地写作，在写书前我做的一件事情就是选好整套的工具组合。

还要关注，在工作中，**哪些事情是经常出错的，或容易出错的**，我们要思考这些事情能否用工具去替代完成，或者在容易出错的环节上用工具去提醒，从而降低出错率。

比如在我的团队中，我们制作了一个简单的差错记录工具，用以记录每个人、每个部门在工作过程中出现的差错。我们要求团队成员在工作中出现失误或差错以后，及时将问题登记到系统中，出错不可怕，可怕的是反复在同一个问题上出错。所以这并不是惩罚，而是避免下次出错，并且差错表原则上是全员可见的，大家可以相互学习，在工作复盘的时候也会对这些差错重点复盘。通过使用这个工具，在工作中因为同一个问题而出错的情况就变得非常少了。

还有，我们要关注在工作中，**哪些是周期长、流程和链条多的事情，应尽力用工具去标准化或简化它们**。

比如，管理团队的时候会碰到诸多问题和困难，我会在每个难点上都试图寻找更优的工具，所以在管理上我也有完整的工具箱，它们确实帮我解决了很多问题，并且还在不断优化中。

简单地说，我们要梳理高频的事情，同时要找各种问题、挑各种毛病。把高频的事情和挑出来的问题，都尽量用工具去解决。

而一旦找到了好的工具，我们会感叹"相见恨晚"，它所带来的赋能是颠覆性的。

我们的对手可能还不具备这个意识，很多人是不愿意为了新工具去做探索和改造的，而当我们拥有了新工具的时候，我们就有了更强的竞争力。

相信我，使用先进的工具，创造更适合我们的工具，是和对手拉开差距的关键！关于工具的使用和创造，还需要具备一个很重要的思维叫"可复用"，可复用的思维能够助力我们更系统地选择和配置工具，我们下一节来讲这个内容。

第六节
可复用

如果留心观察，你会发现，工作中的很多事情往往都是重复性的，总是需要我们一次又一次机械地完成这些事情，虽然有些事情看似每次都不一样，但实则又有很多相似之处。

比如一家电商公司，肯定需要客服人员来回答客户的问题，客服人员看似每天回答大量不同客户的问题，但其中有绝大多数问题是雷同的。如果每个雷同的问题都要重新思考、重新组织语言、重新打字那会非常浪费时间。最好的方式，是把常见的问题及回复方式罗列出来，并且设计一套客服人员的工作流程，流程中规定好客服人员碰到具体的问题时该做怎样的具体回复，这样客服人员就能够根据客户提问一键回复，且不易出错，大多数电商公司的客服系统都是基于类似思路开发的。

这就是让具体的事情具备可复用性。本书第一章中就说过，个人的劳动时间是有"天花板"的，因此需要组织，而组织作为一种系统，其末端都是由一件件具体的事情构成的。无论是个人还是组织，做事时具备并运用了可复用的思维，其效率和能力都会显著提高。

尤其对于组织来说，运用可复用的思维方式做事情，有着巨大的好处和完全的必要性。

如前面列举的电商客服的例子，当把客服工作的部分内容进行可复用化以后，一方面会大幅度提升客服人员的工作效率，多个环节变得可复用，必然就降低了必要劳动时间，从而强化了组织能力。

另一方面可复用性也让客服工作变得标准化。这种标准化对客户而言，使其不会因为面对不同的客服人员，而产生较大的服务风格上的差异，这对用户体验有好处。此外，因为工作变得相对标准化，所以工作的范围、权责、程序、要求，都可以被规定和评价，组织的团队激励、成本核算、工作绩效都因此拥有了管理尺度。

可复用也是把组织中成员的个人能力转化为组织能力的重要方式。因为可复用，所以方便了不同的人接手相同的工作，使更具灵活性的协同工作与分工在组织内变得可行。

我们的组织运用可复用的思维，便可设计出真正适合自身的各种工具，而一个最终可复用的好工具是由**可复用的过程模板和可复用的成果或作品相结合而成的**。

打造可复用的过程模板

完成组织中的每一件具体的事务或项目，都是有一个过程的。这个过程包含一些必要的步骤，每个步骤中会有一些具体动作。

我们应该归纳出各种事务的操作步骤和具体动作，并将其描述清楚，这样就形成了事务的过程模板。可以反复使用的就叫模板，客服工作中的"工作标准"就是这样的模板。

它不再是个人的工作方法，而是变成了组织中的一个可复用的标准，从而具备了前面我们所说的诸如效率提升、用户体验提升、管理尺度、价值存储在内的多项好处。

这样的模板有很多种表现形式，比如我们常说的标准作业流程、工作方法论总结、业务标准，等等。在本书后面的"两张表"一节，本质上就是讲解一种将工作过程可复用的具体方法。

打造可复用的成果作品

过程可复用，是将事务的完成过程抽象成一种模板。而成果与作品的可复用，顾名思义，就是将一些具体的工作成果，即输出的内容或作品进行反复使用。

比如电商的客服人员需要回复客户的具体文案，这些文案是事先写好的，客服人员会根据业务模板判断不同情况发送哪个文案。但文案的内容本身也是一种文字作品，是一种被复用的成果。

组织中有很多工作有必要重复去做，但因为成本或专业要求高等因素导致我们所做的一些事情的成果质量很低，且没有创新。这时候应该换一种方式，把原本重复的事情，变成一个一次性的精品工程，然后重复使用优质的结果。

打个比方，现在很多企业都想做自媒体，但我看到大多数中小企业做自媒体的时候往往都是雇一个编辑每天"制造"新内容。每天都会发内容，但发来发去，每篇也就寥寥几个人看。更别说一年前产出的内容，今天早已石沉大海，如同网络垃圾一样被封存，并且因为天天发内容，数量很多，却没有质量，这样的劳动毫无意义。

如果用结果"可复用"的思维来做这件事，就不应该这样做。首先不应该追求数量，而应提升质量。既然没有多少粉丝，那就不需要每天发新内容，而应专注地做好精品的"长尾内容"，哪怕半年只生产一篇，但是把这一篇内容做得足够深入，足够吸引人关注。而后把原本每天做内容的时间成本全部用来疯狂推广这一篇精品内容！花半年时间就针对这一篇内容推。我保证这一篇内容所获得的阅读量或播放量，会比一年发365篇的总量还多，并且因为内容质量高，会收获真正的关注。

当然对于成果与作品的可复用，务必要保证成果与作品本身是高质量的精品，质量太差的复用也没什么用。

本节最后要说的是，我们要把可复用的过程模板和可复用的成果或作品两者结合起来使用。结合起来就会制造出真正适合我们的业务工具，每一个真正可复用的业务事实上也是一个小系统，我们的组织就是由这一个个小系统所组成的，这些小系统的质量和数量都关乎着组织能力。

第七节
两张表

本节和大家分享在我的组织中最重要的两张表，这两张表是今天我的组织运转的关键工具，也是我在将很多事情打造成可复用模板的实践。

组织架构

在介绍这两张表之前，先来说说组织架构。此前我们说过，组织的内在运行方式是"吸纳—处理—存储—输出"，但这并非是组织一定需要直接套用的组织架构。

公司的组织架构有很多种划分形式和划分维度，不同行业、不同规模的企业，组织架构也有较大差异。但不论何种组织架构的企业都有不同的部门，不同的部门中有不同的岗位，我们把这种按部门划分的制度称为部门制。

我的组织当然也使用部门制，因为人总体来说是术业有专攻的，组织肯定有一些常态化的业务和例行工作是需要去完成的，所以设置部门和部门中的岗位肯定是必要的，既是管理的需要，效率的需要，也是该部门中的成员相互在其专业领域学习的需要。

但部门制也有很多问题，它容易在组织中的各个部门之间形成壁垒，不同部门间的协作会很低效。此外，部门制讲求各司其职，这会让组织成员有各扫门前雪的心态，这必然会丧失组织中的一部分活力，工作难以突破。组织中的官僚主义也常常来源于部门制，因为部门的负责人对于工作安排和资源调配有相对固定的权限，这会造成必然的固化。

在我的组织中，把部门制作为基础的同时，还兼容另一个基本制度，即**项目制**。

我们的组织中又有很多事务，它们并非是例行的，是低频的，或者是需要持续创新的，需要依赖各部门人才充分协作的！尤其在互联网与新经济领域的组织中，这样的事务是很多的。这时候，我们对事务进行立项，让它变成一个组织中的项目。

每个项目有负责人，也有项目组的成员。负责人全权负责项目的整体运行，项目的成员则来自全公司各个部门的组合。负责人在项目内有充分的权限，即便是实习生也可能是某个项目的负责人，而公司的老板也可能只是一个项目的成员。

部门与项目完全没有关联，一个员工属于一个部门，但也可以属于 N 个项目。部门的负责人无权对不是自己担任负责人的项目发号施令。

在这样的架构下，老板可能在具体项目内也要听从实习生的指挥和调度，其打破了部门间合作的壁垒，打破了固化的层级关系，面对各种市场的新变化、新项目、新要求，有了更加灵活的制度保障。

所以在组织中，我们做的所有具体事情，要么是一个必要的岗位事务，要么就必然在某一个项目之中。

任何一个既不属于岗位事务，也不属于任何项目的孤立的事项，原则上是不会去做的。如果一定是一个新的事情，那就走立项的程序。

所以我们的组织总体需要靠两张表来运行和管理，即**岗位事务表和项目表**。

岗位事务表

所谓岗位事务表，就是该岗位员工要做的所有例行工作的整体罗列。其中包含每项工作的节点步骤、具体动作，以及动作的执行标准，还有每项工作的时间周期。

下面我给出了一个简化版本的模板，见下表，供大家参考。

各部门每个成员应该人手一张岗位事务表。注意，具体的动作和执行标准，必须写得非常具体，而绝非简单草率的描述，草率的描述没有意义。

要精确到每一个参数，每一个细节动作，要尽可能做到如果遇到岗位人员调整，不同的人拿着这张表基本可以无缝对接。

岗位事务相对是比较稳定的，当然它也会被优化和迭代，如果岗位事务优化调整，应当第一时间修改岗位事务表。

工作事务	节点步骤	具体动作	执行标准	时间周期
事务1				
事务2				

项目表

需要的另一张表是项目表。比如，我们要举办一场大型线下会议，或者要开发一个新的 App，这些都是一个项目。

在一张项目表中首先要**明确该项目的核心目标**，组织中做任何事情本就应该有明确的目标和目的，如果目标不明确，就不应该立项。并且这个目标必须是具体的，是尽可能量化的，这非常类似于 OKR（Objectives and Key Results，目标与关键成果法）。

当确定好项目的目标后，要根据这个目标来拆解任务。列举出完成该项目所需的所有事务节点，节点可以有多个层级，然后列举节点对应的动作，每个动作也应有明确的执行标准。还要明确每个节点或每个动作的执行人，以及每一个动作的截止时间。

与岗位事务表一样，每一个动作、每一个执行标准，都应该尽量具体。可以说，一张项目表应该事无巨细地呈现完成该项目所需要的一切信息。

设计和协调一个项目的第一步就是先完善一张具体的项目表。这是组织中每一个优秀成员都必备的能力。我们公司在人员入职培训的时候，会就如何完成和使用项目表做系统培训。

而项目表，也是可复用的资产。比如举办一场大型活动会诞生一张项目表，那下次举办类似活动的时候，只需要对原项目表进行参数上的修改和优化即可复用。当然，大家在实际应用的时候也需根据自身情况优化调整项目表的字段设计。

OA 化

我们此前强调过工具的重要性。今天市面上有"云端表格""低代码开发平台""云文档"等产品，这些工具非常重要。

前文说到的两张表，都不应该再通过传统的 Excel 表传来传去，而应该通过低代码开发平台或云文档，或自行开发程序，把两张表变成内部 OA 系统。

我推荐低代码开发平台和云端表格，这些工具很容易上手，尤其是低代码开发平台，其功能很强大。它们可以基于这两张表格构建出 OA 应用及可视化的数据，且可以对不同用户、表格中每个字段进行权限分配，非常灵活。

很多团队需要写日报、写周报，我们可以使用系统把所有人每天的工作通过这两张表读取出来，自动生成每人每天的工作条目和完成情况。

还可以基于这两张表中的"时间周期"及"完成时间"字段，可视化地展示出公司各部门的各项工作的完成情况及各个项目的完成进度。

对团队成员来说，每个人都可以清晰地在自己的工作台看到自己的岗位事务，以及自己在各个项目中承担的角色和任务信息。

对于离职的员工，原本需要有交接表，现在只要把其岗位事务表和正在进行的项目表的分工读取出来，就能自动生成该员工的所有工作的详情单。

依靠系统，组织中每年、每月、每日都会沉淀大量结构化的数据，可根据这些数据去做工作复盘，一切有据可循。

这些都是我的组织在用的应用，分享给大家。大家需要根据自己的实际情况去设计和优化自身的组织架构、表及 OA 系统。

第八节
六板斧

上一节介绍了我的组织中基于部门制和项目制的架构。因为我一直做互联网相关的业务,所以在实际工作中,真正属于部门中的例行工作不多,大量的工作都纳入了各个项目中。

在本章前面"组织的人才系统"一节中提到过,筛选人才需要"借假修真",需要有意识地持续制定各种目标明确的项目,让团队一起去携手完成目标。所以,完成项目是组织中最重要的工作形式。

本节主要分享我的组织中对一个项目从立项到完成的生命周期中的关键节点。我将其分为六个节点，称为"六板斧"，即：

> 定目标—写表格—追过程—出结果—必复盘—分利润。

定目标与写表格

在上一节中说过，每个项目立项之前必须充分讨论和确认该项目的具体目标。关于所定的目标，我认为应把握住几个关键词"**极度明确、有一定挑战、可实现**"。

目标确定后，就可以如上节所说写项目表了。写项目表至关重要，通过实践经验，我可以很确定地说，如果连项目表都写不好，那这个项目很难取得最终的胜利。当然，对于过往已经完成过的相似项目，可以复用项目表。

写项目表并不是纸上谈兵，需要与项目成员广泛讨论交流，同步目标。同时需要项目负责人对项目具备推演能力，能广泛探索路径和方法，并安排好各个事项的执行人。

追过程与出结果

做好项目表以后，项目成员的目标及任务书就应该是非常清晰明确的了。这时候不应该再想东想西，对于目标也不应再有什么怀疑和动摇。大家要做的就是去实实在在地对着项目表一条一条地干，并尽可能地在项目表规定的时间内干完。

以上就是我们说的追过程，追过程没什么特别的，干就是了。当我们一个任务一个任务地干完，自然会出结果。

一般情况下我们会达到目标，之所能够达到目标，是因为前期制定了缜密的作战方案，并且通过勤奋的劳动得到了回报。

但有的时候，我们努力地追逐了过程，却没有达到预期的目标。所谓创业之难，就难在这里，制定了详细的目标和任务拆解，并且努力追逐了过程，却没有达到预期。这时候也不应该泄气，这是创业做事的常态！创业做事本就是在一次次的追过程中**调试**出来的。

学会从头再来！怎么可能永远一次就都能取得成就呢？

必复盘与分利润

我们追过程以后，不管是否达到了预期目标，都需要认真复盘。做成的，总结经验；没做成的，探寻原因，调整下一步的策略。

复盘绝不能流于表面，必须将复盘结果存储成经验资产。每次复盘要有详细的复盘报告，即使没有完整的报告，也要记录好差错或重大经验。

更重要的是，还应定期对过往的复盘进行再复盘。对一次复盘指出的问题，未来还要再复盘其是否真的被调整过来。

关于复盘，有一些特别需要注意的地方，在下一节"成功与失败的原因"中我们会细说。

在复盘中会得出项目成员的贡献度。

创造增量价值的组织必须能让优秀的人获得超额收益。每一场战役，都应该给予我们一同作战的付出过辛劳的战友分配应有的果实。

涉及利润的要尽可能分配奖金或利润，不涉及利润的也要有相应的奖励和激励。

当然有奖励就应该有追责，对于项目过程中的不作为、失职、错误，应该在复盘后有相应的惩罚措施。

第九节
成功和失败的原因

我们在上一节中说过,一个项目不论最终是成功还是失败,都必须对结果进行详细的复盘。成功有原因,失败也有原因,所谓复盘,就是分析造成结果的原因。

在复盘之前,需要对事务的发展规律有一些认识,这样才能准确地看到一件事情成功与失败的本质原因,否则是达不到复盘效果的。

多因素

做事情必会面临成功和失败这二者其中之一的结果,这结果看似是非黑即白的。但在实际工作中分析问题的时候,我们不应把事情的结果,笼统地归于某个单一因素。

在学校所受的教育总是让我们习惯于用单线思维解决问题,我见过很多人以及很多组织都惯用如此的思维方式。

但在现实中,事物的结果往往是由多种因素共同作用,从而推动了结果的产生的。

比如我们的组织是一个系统,拿一个项目来说,项目中的每个人都是相互联系的。一个项目有没有做成,并非某一个人的全责或全部功劳,而是多方面努力或多方面失误的结果。即便看似某一个人或某一个因素特别突出,对结果起了较大的作用,但也要看到其他因素与整体的关联性。

事物的外部因素是充满变化和多样性的,要充分考虑各种外部因素,从而更有针对性地强化内因。

比如,向一个客户推荐一项服务,我们很认真地做了准备,就等着客户成交了,结果客户表示对产品并不满意,未能立即成交。我们很失望，回来复盘，得出的结论是：客户觉得产品不行，我们应改进产品。

这可能确实是一种因素，但可能还有其他多种因素。比如或许我们在给客户介绍产品之前，恰好有其他公司的同行给该客户介绍过产品，而对方表达得非常好，相比之下，我们没有把这个产品的特点针对客户的痛点表述到位。

此外，或许这名客户昨天刚离婚，现在心情很糟糕，我们和客户的关系还比较疏远，所以没有了解到客户的这个情况。这些都可能是造成当下这个结果的因素。

当然我们所说的多种因素，绝不是在工作中推卸责任的说辞。这只是我们分析事情的理念，只有分析出造成结果的多种因素，才能有效地指导下一步的行动。

主要与次要

如上所述，事情的结果往往是由多种因素造成的。

但各种因素在重要性上是有差异的，造成事情结果的原因有一些因素是主要因素，有一些因素是次要因素。

在工作中，需要认真全面地分析造成结果的诸多因素。在全面看到各种因素之后，才能更准确地判断出哪些是主要因素，哪些是次要因素。

对于事情成因的主次关系，我们要做到心中有数，不要主次不分，本末倒置。现实中有太多时候，也有太多的人面对事情的结果时归因是主次不分的，错把事情的次要因素归为主要因素，又把主要因素列为次要因素，这就是抓不住问题的核心，必然会造成各种误判，会在同一个"坑"中吃亏。

当找到主要因素时，要看到这种主要因素背后更深层次的原因。这样，对于成功的主要因素，我们才能更好地保持与发扬，对于失败的主要因素，才能有效地改正和规避。

对于次要因素，也绝不可轻视，因为次要因素之所以被称为因素，其也是造成结果的原因之一。没有这种次要因素，结果也会出现变化。并且现阶段的次要因素，未来是极有可能演化成主要因素的。

结果的反作用

一个事物的结果可能会成为未来一些事物的原因。

今天的成功，有可能会造成未来的失败。比如龟兔赛跑的故事，因为赢了几次而轻敌，最终成了失败的因子。而今天的失败，又可能造就未来的成功，很多取得较大成就的人都曾经是连续失败者，经过多次失败，总结了经验，做成了事情。

当然今天的成功，也可能会让未来更成功。今天的失败，也可能会让未来更失败。

比如与某个客户成功地签约了，因为签约成功，所以对客户服务更周到，进而得到客户的进一步认可，客户又给了更大的订单。而另一个项目，因没签约成功，从而对客户冷淡，导致原有谈成的项目也不再续约了。

这些就是结果的反作用，我们在面对事情的结果做复盘的时候，不论事情的结果是成功还是失败，都要尽力让它对未来的事情有正面的价值，而非负面的价值。

结果延迟

还有一些事物，现在呈现的结果并非是真正的结果，或者说，它只是现阶段我们所看到的结果。而等待一段时间或再满足一定条件的时候，原有的结果会改变或者被否定。

比如，谈了一个客户，你很认真地做了准备工作，但与客户也未达成成交。但过了一个月，客户对比下来，还是来找你了。或者我们做一个项目，在既定的时间内，项目没达到目标，但一段时间以后目标效果自己达到了。正所谓"让子弹再飞一会儿"，这样的情况也常发生。

这就要求我们在复盘的时候，要有这一层面的预见性，在具体工作中对于项目的时间、任务的周期要有良好的设计。

此外，在做大的战略规划的时候，尤其要有这一层面的考虑。取得一些小成绩的时候，应拉长时间线看，今天的成功，很有可能是未来的隐患，而今天的失败倒可能是未来的养料。这样的例子这几年大家都有目共睹。

预期到变化，并且预期到变化后的变化，这是一种极强的能力。

真正的结果常常会迟到。

第十节
眼前就得有物可售

阅读本节前建议已熟悉并理解本书第一章的"认识商品"一节。

有明确的商品

我见过不少创业者,他们有宏图伟业要去创造,动辄要颠覆腾讯,搞不好要吃掉阿里。但眼前呢,除了一份 PPT 和一张嘴,其他什么也没有。问他眼前怎么能先活下去,或"支支吾吾",或"天花乱坠"。

我认为，创业不管是早期还是成熟期，抑或是成为上市公司，乃至成为行业巨头，自始至终都需要谨记，商业的本质要求就是：**有物可售**！

商品是合法赚钱、合法获得利润的主要要素。没有商品，就无从吸纳外部价值，更谈不上增量价值。不管什么样的商业模式，归根结底都需要：**有商品，能卖掉**。

我们的组织、我们的公司在任何时候，都必须绝对明确一个问题：**我们的商品是什么？** 这个问题的答案在任何时候都必须简单清晰，几句话就要说清楚，不可有半点含糊。

商品是一切服务的总和

我们的商品是什么？在理解和回答这个问题的时候有几个注意点。

我们在第一章第三节"认识商品"的最后一小节中举过一个例子。购买苹果手机，我们最终购买的商品，绝不只是手机的主体，而是涵盖了手机主体以及一切服务的总和。

我在写这一节文字的时候，正值上海疫情最严重的阶段，我被封闭在小区里已经几十天，网上都说菜量比较紧张。但今天又有我的几个快递，都是与我有业务服务关系的几家公司机构寄过来的生鲜蔬菜慰问礼包。他们为什么要慰问我，实话实说，因为我是他们的客户，他们需要维护和我的关系。

同样在此期间，我也非常关注我的客户，我也给我的客户送去很多关心和慰问。而这样的慰问，无论是打个电话，还是寄送一些礼物，对于我来说都是劳动的一部分，而对于客户来说是他们所接受服务的一部分。

疫情期间给客户送菜，虽然这没写到交付合同里，但实质上就是我们"商品"的一部分。我若不给客户送菜，而竞争对手提供给客户这项服务，说不准明年客户就和竞争对手签约了。

当然，我要表达的意思并不是说一定要给每个客户送礼物，而是一定要理解客户最终买单的是一切服务的总和。

很多创业者过去对于商品，只注重"商品的主体"，那样是有局限性的。今后我们应该把商品的整体组成部分都作为商品去用心设计，这样才能更系统和整体地构思和布局用户体验，才能更好地让客户获得应有的服务，以及自身更容易把商品卖出去。

强化销售能力

我认为销售能力在任何时候都是一种很"硬"的能力。未来很多行业依然会出现严重的产能过剩的情况。一家企业真正开足生产力，却还是处于"供小于求"的情况不会是常态。把商品生产出来不算最牛，谁能把商品最终卖出去谁就最强。

组织要能活下去，要能成长壮大，就必须在销售环节有强大的能力。前面已经说过，最终售卖的商品是一切服务的总和。也就是说，销售过程也是商品的一部分。

我想很多人都跟我一样，常常接到各种各样的推销电话，浏览网页时网页上也是飘来各种各样的广告。对于推广电话我基本都是拒接的，当然电销存在，一定有它的效果。但我认为这种方式已经过时了，它没有注重用户体验，是难以获得客户的。

作为增量价值创造者的我们来说，我们自己要知道，也要让我们的团队，尤其是销售团队知道，我们其实不再是简单地"销售"，每一个销售动作、客户维护动作，都是产品交付的一部分。每一名销售人员，绝对不仅仅是在卖公司的商品主体，更是在出售自己的配套服务。

优秀的销售人员和平庸的销售人员，其本质差别在于，他们出售给客户的商品看似一样，实际差别很大。优秀的销售人员给予客户商品本身，外加细致、耐心、有亲和力的服务。平庸的销售人员可能只想卖给客户商品主体本身。最终，客户必然选择对自己更物超所值的商品。

过去，有的企业的主营业务看似是代理其他品牌厂商的产品，看似自己只做贸易流通，而不组织生产，但其实它之所以能把代理的商品卖出去，事实上它是强化了这款商品，其最终交付的商品是原商品主体加上新增的服务。

所以我们要真正理解，为客户讲解我们的产品，讲解我们的思路，告诉客户选择我们的原因，以及持续维护客户的过程，这些都是对客户的服务。

而这些输出的服务也是最终成交的商品的一部分。应持续优化这个过程，让用户在这个过程中更愿意接受我们提供的服务。这样我们最终出售的商品才有综合竞争力。

此外，关于销售的达成，还有一点很重要，这就是流量的触达，下一节我们来讲流量。

第十一节
流量方法论

没有流量，就难以完成销售。流量的获取是一个组织中战略级的大事。

"流量"这个词本是互联网行业的常用语，指网站的访问量或者手机等移动终端上网所耗费的字节数。2017年，"流量"一词被评为年度流行词，那一年因娱乐圈开始频频使用"流量"一词来形容那些粉丝多、人气高、影响大的明星。发展到今天，各行各业都热衷于使用"流量"这个词。

"流量"因此变得更加广义,它具有诸如客户量、曝光度、影响力、传播度等多种含义,并且延伸出了诸如"公域流量""私域流量"等概念。

我们先把这些名词概念简化,到底何为我们所理解的"流量",简单地说:

> 流量就是我们可以触达的人群。

而所谓私域流量则是:

> 对我们已有一定的认知,且我们可以反复触达的人群。

不要迷恋"术"

我本人过去最擅长的事情就是搞流量,我从做个人站长,到早期做人人网与 QQ 空间开放平台的开发者,再到微信公众号时代最早一批"大号"运营者,曾经一路都是靠流量生存。

很多创业者常说一句话：我们什么都好，就是缺流量，等我们找到流量，我们就能如何如何。好像获取流量就像穿衣服一样轻松。

事实上，流量就跟钱一样，永远是短缺的，没人不喜欢。

市面上有无数图书、培训、课程都在从各种角度介绍如何"引流"，但我可以说那些多半都是空谈，没有什么实际用处。教你"如何引流"，就好比教你"如何赚钱"，这些都是非常系统的问题，系统性的问题绝不是靠单一的"术"就可以完全解决的。根本不会存在一个一键就能完成的"引流秘籍"，如果有人声称他有这样的秘籍，那他一定是为了卖课。

真正要学习的是其中的"道"，也就是真正理解其方法论。我对流量获取的方法论做了一些总结，不太复杂，不难理解，本节就做这个分享。

我认为市面上宣称的任何一种流量获取方法或所谓的套路，均万变不离其宗，归根结底其实都是以下这几种方式。

我把流量获取方式分为五种：

（1）蛮力引流。

（2）势能引流。

（3）投放引流。

（4）裂变引流。

（5）生态位引流。

下面一一来说明。

蛮力引流

蛮力引流，所谓的蛮力就是"笨办法"。这世界上的很多事，要想做成真没什么捷径，最好的捷径就是最"笨"的方法，有时候越"笨"越有效。

2018年的时候，我买了一辆特斯拉电动汽车。有一天我开车去官方的超级充电桩充电，当我停好车插上电源后，有个蹲在充电桩旁边的大哥突然起身向我走来，他说："兄弟，我是苏州特斯拉车友会的创办人，你可以扫这个二维码加入我们车友会群。"

我心想，有车主群，挺好，挺愿意加入，于是我就扫二维码入群了。我看到群里有三十多个人，不算多，看来都是他用这样"物理蹲守"的方式加来的人。

但后面的几天我发现,这个微信群居然每天都能新增七八个人,大概半个月以后,这个群里已经有 150 人了。再后来没过多久,这个群就增加到 500 人,满员了。这个群里都是精准的苏州地区特斯拉车友。

我突然回想起那天那个蹲守在充电桩旁边的群主,不禁有些佩服他,他居然用一个最"笨"的方式获得了初始的用户量。

他用蛮力和加法获得了初始流量,但微信群大概到了 100 人以后,群内就形成了讨论氛围,大家的转介绍也就开始了。所以那个特斯拉车友群,从 100 人增加到 500 人的速度特别快。后来那个群主,也把特斯拉车友群经营得非常好。

虽然这是件很小的事情,我也并非让大家一定要去摆摊,去物理蹲守,但我觉得这个群主使用的方法很值得学习。如果按照他这个"笨办法",那理论上什么人群画像的流量和客户找不到呢?无非前期会慢一点。

我常常和我们公司做运营的同学说一个观点,**我们使用蛮力,理论上可以获得一切精准流量。**

我在大学期间做过一个创业项目,以前都不太好意思细说这个项目,对外我都说做的是"零食电商",其实哪是什么零食电商，不过是炸鸡排送外卖。我当时在学校附近租了一个地方，专门炸鸡排和炸薯条，再加一瓶可乐，组成了一个"鸡排套餐"，售价 16 元。

那时候大型外卖 App 还不像今天这样成熟，为了推广这个鸡排套餐产品，我在大学城里一个一个宿舍地去"扫楼"发传单。那时候每天的订单真是络绎不绝，这本质也是蛮力引流。

此外，我早期做网站的时候，网站需要吸引流量，我们就在"百度知道"上一个问题一个问题地去回答别人，然后留下网站链接。那时候大多数问题并不能带来流量，但有时一个问题就能带来每天上百次的阅读量。做 SEO（搜索引擎优化）的时候，也是一条一条地在互联网上去发"外链"。我们就是这么一步步走过来的。

所以我说，有时候用笨办法，其实是最快的，任何引流目标，都可以设计出蛮力的路径。

笨办法之所以"笨"，就是因为它**操作流程明确，动作简单直观，容易理解和上手，容易形成实际的反馈，确定性高**，并且不要小看蛮力的威力，蛮力是量变，量变到一定程度是会引发质变的。

势能引流

当我们用笨办法用到一定程度的时候,总能积累下一定的经验和资源,在这些经验和资源的作用下是会实现从量变到质变的飞跃的。

量变到一定程度,就会形成一定的"势能",而当势能来的时候,会事半功倍,可获取比平时多出很多的流量。

如前面所说,那个特斯拉车主群的群主,他通过蛮力引流,当量变到一定程度的时候,社群有了一定活跃度,并且在当地的车主群体中有了一定知名度,这时候他就有了一种势能,这种势能会影响很多用户为他的社群做推荐。

他自己也顺势举办了一场大型的车友沙龙活动,群里好多人去参加,包括汽车品牌公司的销售商也去参加了。这个活动带来的效果超出了他的想象,活动一下子就让更多的车主认识了他的社群,带来了更多的流量,他的车友群一下子有了好几个"分群",这个速度比他在充电桩旁边蹲守要快很多,但没有前面的量变,也不会迎来如此的势能。

我当年在网站上回答问题的时候，一条一条地回答了很多，当回答到达一定数量的时候，就给我带来了惊人的流量增长。我想今天很多做抖音短视频的读者也是一样，大多数视频可能播放量平平，但做到一定程度，总有一些内容会触发引爆点。

再比如 2022 年很火的"刘畊宏教练"，他的势能一下子起来了，每天带着数百万人在抖音上跳操。但其实这些现象都绝非偶然，是有前期各种形式的积累的，积累到一定程度才形成质变。

势能这个东西挺神奇，它是不可捉摸的，也没有绝对的路径。对于势能，我们绝不能守株待兔，平时还要做好量变。并且我们要知道**势能并不是一个常态**，势能起来的时候，如同一个瞬间拉升起来的 K 线图，但它们可能消散，可能就是昙花一现，必定不是长期存在的，也可能是有周期性的。

当它出现的时候，要最大化地利用它产生的力量。而等势能消失的时候，不要觉得失望，要理解这是正常的，但经历过一次势能洗礼后的你，其实已经完成了一次质变，势能让你拥有了更多资源和私域流量，你到达了一个新的台阶。这时候的你需要在新的位置上继续做蛮力，等待下一个势能的出现。

投放引流

"投放引流"也是流量获取的主要方法。所谓投放引流,就是购买各种形式的流量广告。蛮力引流主要是以人的劳动去交换流量,而投放引流本质是以资本直接交换流量。

流量提供商,如大型互联网公司、网红、广告公司等渠道,它们将其掌控的流量打包成商品,让需要的人去购买。无论是投放腾讯广点通、淘宝直通车、百度推广、微博粉丝通、抖音的抖加这样的大型互联网公司的流量购买平台,还是如电梯楼宇广告、电视广告、传统媒体广告等,以及 KOL 投放、自媒体投放等,都属于投放引流。

当流量被打包成商品出售时,其价格肯定不会太便宜,并且其价格会不以任何人意志转移地持续升高。我记得多年前,一个网站购买真实流量,一次广告点击的成本只有几毛钱,而现在在很多行业,一次有效的获客成本可能要几千元。

所以并不存在太多的"流量洼地",但投放引流的优点就是:确定性高,易于标准化,模式可复制,一手交钱一手交货,市场化程度高。

对于选择投放引流的组织来说，常常有两种不同的目的，一种是"效果营销"，一种是"品牌营销"。所谓效果营销，顾名思义，投放广告是为了实实在在地获得立竿见影的效果，比如我买一万块钱的广告，就是为了卖掉两万块钱的货，这是有绝对量化目标的。

而品牌营销，则是投放广告后，不追求眼下因为这个广告有几单成交，而是为了在消费者心中植入对品牌的认知，以及打造广泛的知名度。

这两者的目的不同，操作方式也有所差异。

品牌营销常常是规模型以上企业的必要选择，常见形式如找明星代言，在电视、楼宇、公交、地铁等场所大规模投放等。而对效果营销来说，选择投放引流，其核心在于需要探索出更加精确的"流量转化模型"，即购买的流量如何覆盖成本，流量被触达以后，通过怎样的链路去承接流量，并且转化流量，让流量最大化地为其产品买单，从而实现通过投放获得利润的闭环。

整体上来说，投放引流是非常重要的。对于真正可持续、可规模化的业务，都要努力找到适合自己的投放策略。

裂变引流

"裂变"是现在做营销、做流量常用的词语,简单地说,裂变引流就是"人带人""用户带用户""流量带流量"。我们所说的裂变不是某种具体的方法,而是一个常态化的营销意识。裂变意识需要贯穿到引流、产品设计、营销、商业模式等各个环节中。

例如,我们去一家餐厅吃饭,餐厅的桌子上写着,如果你把菜品的照片发到朋友圈或点评网站上,并给予好评,就赠送一个甜品。这属于裂变。

在产品设计上,我们的每个页面都有各种引导和鼓励用户分享的精细设计。"集赞""好友助力"等形式都属于裂变。

在商业模式上,比如,电商平台上的某个商品可以接受用户来分销分佣,这也是裂变。

在前面说的蛮力引流、势能引流、投放引流中,应尽可能地把裂变意识加进去。

比如投放广告购买流量，如果在投放的过程中，无论是文案，还是多页的用户行为引导，加入裂变意识，那会大幅降低流量购买的单价。

总的来说，裂变引流就是一种营销意识，尤其在当下这种经济不如之前活跃的大环境下，深度的裂变意识尤为重要。

生态位引流

如果我们开一家店铺，这家店铺在闹市区的核心位置，那这里必然天天有来来往往的"流量"，我们一开门就会有生意做。

如果我们成为一个本身具备广泛知名度，自带极大流量的商品的代理商，那自然会因为商品本身的知名度而拥有流量，譬如茅台酒的代理，永远不会缺客户。

如果你有一个需要为它补充产业链的战略股东或战略合作伙伴，且对方拥有巨大流量资源来支持你，那你的流量就会被动而来。

比如你受到了腾讯的战略投资,并且你的业务弥补了腾讯的产业链,腾讯可能会把你的业务入口放到微信服务格(微信服务格是指在微信 App 中点击:我—服务,该页面中显示的都是第三方服务)中,你会拥有海量的流量。

这些都是生态位引流的例子,关于生态位是一个需要继续细说的话题,在本书的最后一节会深入讲解。对于获取流量来说,当我们占到了某个好生态位的时候,那就可能实现稳定、可持续的流量来源。

以上就是对流量获取的五种基本方式的介绍。万变不离其宗,各种各样的引流方法,无非就是这几种方式或将其组合使用。

第十二节
注重商业向善

优秀的组织所做的事情必然要持续对社会有益。

当我传达这个观念的时候,很多人会煞有介事地告诉我"商业就是最大的慈善"。这句话听上去十分有理,支撑的理由往往是"商业能满足大量就业需求,商业能为大众提供多元化的服务,商业能给国家创造税收"等。但我认为不能这样简单地描述。

我不就此过多解释,只能说这些都只是一种现象,而非本质。商业的本质注定了它是逐利的,而绝不可能是慈善,真正读懂读透本书前三章的读者,对此会有一定的理解。

对于一个优秀的组织以及对于创造增量价值的目标来说，组织在进行商业活动时，必须为社会创造增量价值。

而创造增量价值的方式应该是"商业向善"。我认为每个优秀的组织除了商业模式以外，还应该有一个或多个"向善模式"。

在这里，我们要回顾一下，在第一章"创造增量价值"一节中明确说过增量价值的误区：

> 那些原有的、已有的，原本就该有的价值，并非真正的增量价值。

一个做健身器材的公司，它若声称"我为大众提供了运动健身器材，所以我为大众的运动健康创造了增量价值"，这是不符合我们所说的增量价值与商业向善的。因为他本就是靠卖健身器材赚钱的，既然如此，那本来就应该给客户交付质量过关的商品，要是收了钱还不交付商品，或者商品质量太差，那是卑劣的行为。正常交付是应该做的本分，怎么会是增量呢？

当然我也不奢求这家公司生产健身器材后，不销售，而是一车一车全部免费送给贫困地区、贫困学校。这是慈善机构持续做的事，或者企业老板以个人名义做这件事，但并不是一个健康的企业应该持续做的事情。

而企业应该拥有的是"向善模式"。而这种向善模式，企业该如何设计呢？我认为应该**从核心业务上去设计能创造增量价值的向善模式**。并且这种模式要尽可能地发挥商业本身的力量，并且是要能够真正可持续做下去的！

可持续是最重要的，不是走过场，也不是作秀，如果不能持续做下去，那最多就是个企业活动。

我们的向善模式要尽可能地对本身的业务、产品、品牌等有利，至于如何才能可持续，说白了就是，我们的企业有心要做好事，但为了能可持续地做好事，好事本身最好能有利于我们在经营层面的表现。

即便实在对经营没有太多好处，也不能因此付出巨大的成本，因为我们追求的是可持续！如果需要巨大成本，必然不可持续。

比如 Toms 这个品牌的鞋子就是我们设计向善模式时值得学习的案例。这家阿根廷公司承诺消费者，每卖出一双鞋，就会为非洲的孩子送一双鞋。这个模式为其产品本身带去了更多销量，并且可持续性很强，其不仅仅是一个公益性质的营销活动，而是真正在主营业务与商业模式层面融入了向善模式。

此外，对于向善的模式，要充分利用商业的特性和自身的组织能力，而绝不是孤立地做公益，也并不是一种责任负担。

2019年5月4日凌晨，马化腾在朋友圈低调宣布了腾讯新的愿景和使命——科技向善。

腾讯前CTO张志东表示过，科技向善是一种巨大的产品能力和发展机会。他也反对过于把业务和公益当作两条不相交的事情来做。张志东认为比如"微信捐步"和"蚂蚁森林"都是非常好的产品，因为"鼓励捐步"不仅是一种产品责任，还是一种融入实际业务中的对企业主营业务有利的向善模式，它一方面得以解决社会问题，另一方面也能增强用户对品牌的好感，能很好地连接企业与公众、效益与公益。

这些就是我们所说的增量价值，我们需要把这一块融入组织中。

第十三节
生态位与增量价值

找到自身的生态

任何一个物种之所以能活着,一定有它的生存之道,一定有它特有的路子。而这种生存之道,可以理解为是它的生态位。

"生态位"这个概念来源于生物学,用于研究物种之间的资源分配与竞争关系。某个个体或种群在一个生态系统中都有一定的角色和地位,即占据一定的空间,发挥一定的功能。

比如，世界上鸟的种类有很多，但有的鸟吃昆虫，有的鸟吃小鱼小虾，还有的鸟会抓小鸡，每种鸟都有自己的生态位。

每个生态位，必然都隶属于一个生态系统。 生物学层面的生态系统就是大自然本身。

而作为人来说，人本身也是大自然生态系统中的一员，人类作为一个整体在大自然中占据着一定的生态位。

同时，在人类社会的内部，又有各种各样的生态系统，我们每个人都在这些生态系统中占据着一定的位置。我们之所以能有一口饭吃，或多或少、或好或差，也都占据在某个生态位上。小孩子有父母供养，成年人无论是外卖小哥、程序员、CEO都各有各的谋生路子，本质都是在社会这个系统中各自的生态位上。人如果不在任何一个生态位上，那就只能是吃了上顿没下顿，大多数人不存在这种情况。

而对于组织来说，显然也是有生态系统和生态位的概念的。我们在本章"从小事情到大系统"一节中说过，一个组织本身是一个系统，而组织所在的生态系统则是一个比组织更大的大系统，类似太阳系和银河系的关系。每个组织都是其所在生态系统的子系统，也就是占据的生态位。而这种生态系统本身，也符合系统"相互联系，相互影响"的特点，在同一个生态系统中，各个生态位上的企业往往是相互依存、相互导流、相互赋能的关系。

一个大型商场就可以看成是一个生态系统，商场里有影院、餐厅、甜品店、培训机构、超市等。它们作为一个整体，不管自身是否有意愿，但事实上它们都在合力引流，并相互赋能。来商场看电影的人干脆就在商场吃饭，来培训班接孩子的家长下课后干脆去楼上看一场电影。

此外，一个成熟的商品，其产业链上下游本身也可以被看作一个生态系统。比如一个品牌名酒，其生态系统里有多个生态位，原料商、酒厂、酒瓶厂、瓶盖厂，还有各级代理商、经销商。它们也都是相互联系、相互影响的。

一个产业市场本身也是一个生态系统，不同生态位上的企业各占一定市场份额。比如，有的企业占据高端市场份额，有的企业占据下沉市场份额，有的企业吃某个地区或渠道的份额，它们之间可能会形成某种默契，各切各的蛋糕，错位竞争，又相互依存。而该行业里那些"上不了牌桌"的企业则在这个生态系统内没有它的生态位。

以上是一些常见的形式，其实还有一些其他的形式，但总体来说本质都一样。一块有资源的地方，自然会形成生态系统，而在这个生态系统里，大家在各自位置上的资源分配是形成一定格局，并且相对稳定的。

说白了就是，有肉吃的地方，就会形成生态系统。你得在这个系统里有一个坑位，在每个坑位里，谁吃肉、谁吃骨头、谁喝汤，并且各分多少数量，是相对稳定的。

这样会避免很多白热化的无序竞争，并且生态位上的企业相对安全，有发展的空间。

但这个社会的资源是有限的，**很多企业，尤其是创业公司往往是没有生态位的，没有生态位的企业如同一个孤岛**，往往会存在吃了上顿没下顿的情况，不确定性非常高，随时可能关门。

所以每个组织都应该尽力找到自己的生态系统，以及努力占据其中的某个位置，这样组织才能逐渐成熟稳定，而不要在一个孤岛上挣扎。

追求更好的生态

我们说一个生态系统内部的资源分配格局是比较稳定的，也就是我们常说的"市场格局已定"，但这些稳定的格局也并不一定是绝对固化的，并不是完全没法突破的。

事实上，这年头各行各业常常会出现各种搅局者，说不准我们自己也是一个搅局者，搅局者或因技术的创新，或因商业模式的重混，或因新工具与新思想的迸发等，都可能会对原有生态系统的格局有所冲击。

一个生态系统内的不同生态位下的公司可能因为各种原因出现生态位重叠的情况，这样就会形成无序竞争。所以对于我们来说，需要持续追求更好的生态系统，也需要持续优化所处的生态位。

这其中有几点思路分享给大家。

德鲁克说过：

> 小企业的成功，依赖于它在一个小的生态位中的优先地位。

同理，我们需要持续拥有在某个领域的领先地位，这样才能把我们的生态位把握牢固。我们在本书中也要求大家把小事做好，大系统是由小事构成的。

此外，组织能力有限的时候不要扎堆同质化竞争，不要陷入"内卷"！远离"内卷"的漩涡。如何远离呢？这就是我们常说的，去找蓝海。蓝海和红海不同，所谓蓝海，就是其间的各种生态系统还未完全固定，其间的生态位也自然还没坐满，那我们在未固定的蓝海中找一个好位置，耐心耕耘，做出优势。等这个生态系统固定的时候，我们自然就处在一个非常有力的生态位上。

不要认为没有蓝海，未来很长一段时间不可能发生没有蓝海的情况。因为**资本的本性就是需要增殖的，资本的本性要求必须持续开辟出新的蓝海**，没有蓝海的话，资本增殖的空间就小了，直至停止增殖，而如果资本停止增殖，资本就消亡了。这在未来一段时间还不太可能发生。

还有我们要学会"抱大腿"，需要获得更广泛的认同和支持。如果能获得行业"巨头"的青睐和赋能，就自然会进入更好的生态系统。

总的来说，无论是挤进一个生态系统，还是追求更好的生态位，如果能真正具备创造增量价值的思想，我想这是一个很强大的竞争力！因为增量价值的思想让我们既能看清眼下如何务实的路径，又能看到长远的价值，把《增量价值》这本书真正多读几遍或许是有必要的。

构建我们的生态

终于写到这本书最后一章的最后一节了。我不确定会有多少读者能读到这里，我也不是一个专门写书的人，但我喜欢思考。我从二十岁出头就在互联网上创业，一直到今天，积累了一些实践和思考，我希望通过一本书把我的诸多思考汇总起来，它不仅仅是给读者看的，更是我自身做事情的指南和脚手架。

在未来，这本书必然还有许多需要补充和迭代的地方，我应会将其发布到 Git 上，对它的每一次修改和迭代都会被记录。

最后这一小节是讲"生态系统"和"生态位"的。其实我时常在思考，当我写一本书时，写书的这部分劳动时间已经被复用了，当读者阅读到这里的时候，事实上我们已经完成了一次非常深度的交流和沟通，也许有的朋友并不认同这本书，这很正常。

但也会有朋友认可这本书，认可增量价值！其实在今天来看，这个世界上人和人之间的互相认可是非常珍贵的，它完全是一种共识。基于共识有可能创造巨大的价值，远远超越一本书的作用。

如今的互联网发展迅猛，各种新思路和新方法应运而生，今天的我们拥有各种新技术工具。写到这里的时候，正值上海封城，我已在家超过 60 天，但并没有影响我的工作，因为我们是靠网线就能干活的人，会议 App、协作工具，都已然成熟。还有区块链、AI，这些都是我们未来需要紧密依靠的好东西，未来很多的组织形式、价值传递方式也都会基于此。

此外，我坚信在有共识的人中，也完全不乏勤奋、理性、善良的优秀之人。虽然我在本书中反复强调"组织"的重要性，但不可否认，这个时代也是一个"个体崛起"的时代，个体的时间一定程度上也是可复用的，其劳动时间的"天花板"在一定范围内是可以被突破的。

在这些诸多因素中，我们是否可以共同构建一种新的组织形式，甚至是新的生态系统呢？如果可以，那应该如何做？

我真的挺期待能以崭新却不落俗套的方式，让每一个同路人、同路的组织，以某种形式结合在一起，如本书封面上的图标所表达的，一同创造更多价值，一同运动，一同公益，相互联系，相互影响，创造增量价值！

相信这是有可能的，我在做这样的探索。而这本书也是为此所做的努力。我期待这本书能帮助到一些人，也希望通过本书与更多勤奋、理性、善良的人成为战友。

我在书里说过，增量价值只是现阶段的一种妥协方式，因为它需要资本增殖这样的现实的规则来实现，增量价值总是相对的。

但内心永远相信爱与梦想。

但愿我们旅途漫长，收获更丰盛的生命！